Menschlichkeit. Vom Plan der
Humanisierung der Welt
Perspektiven der Moderne I

Fröhliche Wissenschaft 236

Jürgen Goldstein

Menschlichkeit. Vom Plan der Humanisierung der Welt

Perspektiven der Moderne I

 Matthes & Seitz Berlin

Inhalt

1. Fragwürdiger Humanismus

Im Herzen der Moderne macht sich Müdigkeit breit. Von globalen Krisen heimgesucht und von nationalen Verunsicherungen geplagt, legt sich der Mehltau der Erschöpfung über die auszuklingen scheinende Epoche. Haben deren Leitideen ihre Halbwertszeit längst überschritten? Freiheit, Gleichheit, Gerechtigkeit – diese Ideale haben ihren Glanz verloren und Rost angesetzt. Freiheit wird zunehmend auf das Recht reduziert, lautstark Eigeninteressen durchzusetzen. Die globalisierte Welt, deren Oasen des Reichtums sich der Ungleichverteilung an Chancen verdanken, lässt die von der Aufklärung geforderte Gleichheit aller Menschen zu einer hohlen Formel verkommen. Und die hehre Idee der Gerechtigkeit kollabiert vor der Anforderung, nicht nur den heute Lebenden, sondern auch den künftigen Generationen gleich gute Lebensbedingungen zu garantieren. Der Prozess der Aufklärung droht in einer Woge von Falschmeldungen und populistischen Scheinlösungen unterzugehen. Die Demokratien befinden sich im Stresstest. Europa franst aus, nachdem das Vereinigte Königreich sich von der Union verabschiedet hat und andere Mitgliedsstaaten das nicht mehr zu verteidigen gewillt sind, was man als demokratische Wertegemeinschaft mitunter hilflos beschwört. In den USA haben Gegner der demokratischen Institutionen das Kapitol in Washington gestürmt. Autokraten zwingen die liberalen Kräfte zum Widerstand und zur Reformulierung der demokratischen Auffassung des Politischen. Der Entwurf einer Weltgemeinschaft im ewigen Frieden, von der Aufklärung utopisch entworfen, hat die nationalistischen Einzelinteressen nicht zähmen können.

So mag uns das zentrale Motiv, das einst die Epoche einer neuen Zeit auf den Weg gebracht hat und das in vielerlei Wandlungen den Ideenhaushalt in den westlichen Kulturen bis heute prägt, auf beängstigende Weise vergilbt vorkommen. Am ehesten wird es noch in seiner Nichterfüllung in den Mund genommen, wenn von ›humanitären Katastrophen‹ die Rede ist, angesichts überfüllter Boote auf dem Mittelmeer, oder von ›humanitären Fluchtkorridoren‹ als zugestandene Evakuierungen aus Kriegsgebieten. Die Industrienationen schwanken zwischen einer Festungsmentalität auf der einen und einer zivilen Hilfsbereitschaft auf der anderen Seite. Dennoch wird als ›Gutmensch‹ verunglimpft, wer sich offen zum Humanismus bekennt. Der Humanismus hat Patina angesetzt, und er droht als Leitvorstellung in der Mottenkiste klassischer Ideale entsorgt zu werden. Es mag genügen, so scheint es, wenn man ihn zu Jubiläen und in Sonntagsreden, zu Gedenktagen und für weihevolle Ansprachen noch einmal hervorholt, wohlklingend, aber in Anbetracht des permanenten Scheiterns nicht ganz ernst zu nehmen, so wie man sich an die Euphorie jugendlicher Ziele im gesetzten Alter halb belustigt, halb beschämt erinnert.

Doch die Abgebrühtheit gegenüber dem einstigen Furor, die Welt humanisieren zu wollen, ist um den Preis der Selbstverkennung erkauft. Humanismus ist nicht ein beliebiges Ideal der westlichen Welt – es ist *das* Ideal, seit die ersten Denker der Renaissance von der Würde des Menschen sprachen, eine neue Weltlichkeit erprobten, in der Bildung den Schlüssel zur menschlichen Selbstentfaltung erkannten, die Individualität genossen und die Selbstbestimmung, aber auch nach Formen gemeinschaftlicher Sittlichkeit und politischer Freiheit suchten. Wer modern sein wollte, hatte sich diese Ziele anzueignen. ›Humanismus‹ ist nicht lediglich eine von Historikern fein säuberlich einzugrenzende Zeitspanne, das ist vielmehr ein noch nicht für ungültig erklärtes Projekt der Selbsterschaffung eines modernen Menschen, das auf die eigenen Kräfte vertraut, um seine Grenzen wissend, aber nicht zu entmutigen, wenn nicht alle Morgenblütenknaben- und -mädchenträume reifen.

Wer daher den Humanismus nicht mehr ernst zu nehmen gewillt ist, nimmt sich selbst nicht mehr ernst in seinem Anspruch auf Individualität und Eigensinn, Gemeinschaftsfähigkeit und Moralität. Dabei besitzt der klassische Humanismus schon seit dem vergangenen Jahrhundert oftmals keinen guten Leumund mehr. Martin Heidegger kritisierte in seinem Brief »Über den ›Humanismus‹« die ihm innewohnende Anthropozentrik scharf und verwarf das klassische Selbstverständnis des Humanisten zugunsten einer Kehre zum Sein: Durch einen »offenen Widerstand gegen den ›Humanismus‹« könnte sich der Anstoß ergeben, den Menschen nicht länger in Bezug auf seine Würde und Freiheit zu verstehen, sei er doch der »Hirt des Seins«.[1] Michel Foucault hat die Ideengeschichte einer Fundamentalkritik unterzogen und das humanistische Selbstverständnis des Menschen als vergänglich beschrieben. Psychoanalyse und Sozialforschung haben die Abhängigkeiten des Individuums von unbewussten Trieben und hintergründigen Prägungen herausgestellt, um uns in unserer Selbstbestimmung zu desillusionieren. Wenn man überhaupt noch auf einen Humanismus zu setzen wagt, will man ihn überbieten, wie es sich die Transhumanisten durch technische Verbesserung der defizitären Leiblichkeit des Menschen erträumen. Schließlich wird schon die Rede vom Menschen fraglich, wenn die Schwelle zum Tier so niedrig angesetzt wird, dass von ›menschlichen‹ und ›nichtmenschlichen Tieren‹ gesprochen wird. Die traditionell vertretene Sonderstellung des Menschen sei, so Peter Singer, nichts als ein egoistischer Speziesismus, eine nicht haltbare Bevorzugung der eigenen Spezies gegenüber anderen Tieren.

Postkoloniale Theorien machen im eurozentrischen Humanismus eine Maske der Ausbeutung und Unterdrückung aus. Im Angesicht der gegenwärtigen globalen Auseinandersetzungen um die Geschichte und die Nachwirkungen des Kolonialismus nimmt dieses Buch dennoch eine vornehmlich europäische Binnenperspektive ein. Damit soll keineswegs eine Grammatik der Differenz verteidigt werden, die sich in den Worten von Stuart Hall auf die Formel bringen ließe: *The West and the Rest*. Europa ist kein Zivilisationszentrum der Welt. Schon Frantz Fanon hat in seinem Buch *Die Verdammten dieser Erde* aus dem Jahr 1961 dem europäischen Humanismus eine Absage erteilt: »Verlassen wir dieses Europa, das nicht aufhört, vom Menschen zu reden, und ihn dabei niedermetzelt, wo es ihn trifft, an allen Ecken seiner eigenen Straßen, an allen Ecken der Welt … Dieses Europa, das niemals aufgehört hat, vom Menschen zu reden, niemals aufgehört hat, zu verkünden, es sei nur um den Menschen besorgt: wir wissen heute, mit welchen Leiden die Menschheit jeden der Siege des europäischen Geistes bezahlt hat.«[2] Und Achille Mbembe hat die noch heute vertretenen Spielarten eurozentrischer Binnenperspektiven als »Sackgassen des Humanismus« bezeichnet, eine globale Geschichtserzählung eingefordert und so eine Neuausrichtung der Idee der Humanität in Aussicht gestellt: »Wollen wir solch ein Denken hervorbringen, müssen wir zudem erkennen, dass Europa, das der Welt so viel gegeben und im Gegenzug – oft mit Gewalt und List – genommen hat, nicht mehr das Gravitationszentrum der Welt ist.« Wer wollte dem widersprechen. »Aber wenn wir sagen«, so Mbembe weiter, »Europa sei nicht mehr das Gravitationszentrum der Welt, bedeutet dies auch, das europäische Archiv sei erschöpft?«[3] Wenn Fanon 1952 in seinem Buch *Schwarze Haut, weiße Masken* dazu aufruft, »*aktiv* zu sein und dabei die Achtung vor den Grundwerten zu bewahren, die eine menschliche Welt ausmachen«,[4] und Paul Gilroy für unsere Gegenwart einen radikalen, kosmopolitischen und postrassistischen Humanismus entwirft[5] – welche Prinzipien und Werte hält dann das europäische Ideenarchiv als solidarischen Beitrag für einen derartig reformierten Plan von der Vermenschlichung der Welt nach wie vor bereit? Mag also auch die historisch gewachsene Form des europäischen Humanismus zweifelhaft geworden sein, gilt es doch, die ihm zugrundeliegende Leitidee der Menschlichkeit als Philanthropie gegen ihre vorschnellen Kritiker und Verächter zu verteidigen.

Die Idee des Humanismus ist also in einem wörtlichen Sinne fragwürdig geworden: Es lohnt noch immer, nach der Vorstellung zu fragen, was es mit einem Humanismus auf sich hatte und noch heute haben kann. Im vorliegenden Essay erinnere ich an einige Leitmotive des Humanismus. Dabei sollen seine Leitvorstellungen an Kontur zurückgewinnen, wo sie unscharf zu werden drohen. Was ist konkret mit einem Humanismus gemeint gewesen? Woher hat der Begriff seine geistesgeschichtliche Tiefenschärfe bezogen? Dazu werde ich Zeitzeugen aufrufen, die sich um eine Profilierung des Humanismus verdient gemacht haben. Humanismus ist keine abstrakte Idee, er ist von Beginn an Ausdruck an Menschen gebundener Ideale und Wünsche, Entwürfe und Ziele, kurz: Er ist gelebtes Leben. Manche der Heranzitierten sind Klassiker unserer modernen Bewusstseinsgeschichte, andere wirken wie entfernte Verwandte, die zwar zu einem gehören, die man aber lange nicht besucht hat. Indem ich sie erneut zu Wort kommen lasse, soll die Signatur der humanistischen Grundentwürfe hervortreten, die – bei allen Binnendifferenzen – Kontinuitäten eines modernen Selbstverständnisses anzudeuten helfen: Würde, Leiblichkeit, Bildung, Individualität, Selbstbestimmung, Freiheit, Sittlichkeit und Partizipation.

Die dazu angestellten Selbstvergewisserungen führen nicht in die abstrakten Höhen der ethisch-politischen Reflexionen und entsprechen kaum dem angestrengten Theoriedesign unserer Tage. Aber darin besteht vielleicht der Vorteil, von ›Menschlichkeit‹ sprechen zu können: Die mit diesem Wort verbundene Intuition unterläuft die Spezialisierung der verschiedenen Disziplinen und ruft in aller Schlichtheit dazu auf, sich als Mensch von seiner besten Seite zu zeigen. Damit wird nicht übersehen, dass Gewalt und Zerstörung zivilisationsbegleitende Momente sind. Kaum ein Wort reicht, die Brutalität zu fassen, die von Menschen zu verantworten ist. Doch zu welcher Güte des Mitfühlens, des Wohlwollens und der Hilfsbereitschaft sind Menschen ebenso fähig! Für eine Kultur in der Krise sucht die Ermahnung zur Menschlichkeit jenes Fundament zu sichern, auf dem alle weiteren Theorien und Praktiken der Deeskalation von ideologischen Grabenkämpfen, der Befriedung von Konflikten, der Bekämpfung von Ungerechtigkeit und der Verteidigung von Freiheit ruhen. Der Wille zur Humanität bietet dabei oftmals keine konkreten Lösungen für die vielen Konfliktfelder unseres Lebens, ist aber eine Voraussetzung für deren Ausbildung.

Auch wenn vornehmlich von Menschlichkeit und der Idee der Humanität die Rede sein wird, sind verschiedene Aspekte des klassischen Humanismus in ihrem Zusammenhang zu betrachten. Sie werden von mir in eine Gedankenlinie gebracht, die vor allem eines verdeutlichen soll: Humanität ist der Kern für eine ganze Reihe von angelagerten Ideen und Voraussetzungen, die zu bedenken sind, will man sich dieser Grundidee erneut vergewissern.

Eine derartige Perspektive der Moderne setzt sich aber dem Verdacht aus, sich als ein erinnerndes Stück Ideengeschichte nicht auf der Höhe zeitgenössischer Anforderungen der Geschichtsschreibung zu befinden. Martin Mulsow hat gleichsam im Gegenzug »Perspektiven einer globalen Ideengeschichte« entworfen. Herkömmliche Kontinuitäten der ideengeschichtlichen Erzählung sollen dabei ihrer Naivität überführt werden, gelte es doch angesichts von »Referenzkaskaden« das globale Netzwerk von Bedeutungsbezügen aufzuspannen; Monographien über globale Ideengeschichte seien künftig nur noch von Teams von zwei oder drei

Autoren zu schreiben.[6] Die Kontinuität des Narrativs erscheint dabei als trügerisch: Die Geschichte könne »nicht mehr aus vertrautem Blickwinkel geschrieben werden«, sondern benötige »Techniken des Schnitts, Exkurse und neue Plot-Konstruktionen«.[7] Doch verfügen wir überhaupt noch über vertraute Blickachsen, die es zu überwinden gelten kann? Und lässt der berechtigte Anspruch, global denken zu müssen, lokale und temporäre Binnenperspektiven obsolet werden? Miniatur- und Binnennarrative in systematischer Absicht bleiben meines Erachtens solange legitim, wie sie sich nicht als Universalperspektive gebärden.

Um Vollständigkeit der Motive kann es so wenig gehen wie um eine sprunglose Nacherzählung ihrer Geschichte. Jeder einzelne Begriff, der als Zielmarke einer Humanisierung der Welt aufgerichtet worden ist, würde den gesteckten Rahmen dieses Essays sprengen und verlangte nach einer ausführlicheren Darstellung, käme es auf die Geschichte seiner Entwicklung an. Ein mustergültiges Handbuch allein zum Grundriss der Philosophie des Humanismus und der Renaissance – beschränkt auf den Zeitraum von 1350 bis 1600 – bringt es auf annähernd zweitausend Seiten.[8] Ich dagegen habe bewusst die knappe Form gewählt. Wenn sich die Leitvorstellungen einer Humanisierung der Welt nicht kurz und bündig darstellen lassen, taugen sie nichts mehr.

2. Die neue Würde

Kaum etwas bezeichnet so sehr das humanistisch unterfangene Selbstverständnis des modernen Menschen wie der Begriff der Würde. Durch nichts scheint eine Person intimer verletzbar als durch Würdelosigkeit der Umstände, denen sie ausgesetzt ist. Verbale Attacken, körperliche Übergriffe, rassistische oder sexistische Angriffe beschädigen die Unversehrtheit der Person. Und selbst natürliche Vorgänge, wie das Sterben, stehen unter dem Anspruch, in Würde vonstattengehen zu sollen. Unter vielen Werten – wie Freiheit, Gerechtigkeit, Gleichheit – nimmt die Würde den integrierenden Spitzenplatz ein. Empörend empfundene Einschränkungen der Selbstbestimmung, Erfahrungen von Ungerechtigkeit und mangelnde Anerkennung der Eigenwertigkeit durch Marginalisierung oder Stigmatisierung werden als Verletzungen unseres Menschseins erlebt. Jeder Mensch hat den unverlierbaren Anspruch darauf, dass seine Würde geachtet wird. Prominent verweist der Artikel 1 des Grundgesetzes der Bundesrepublik Deutschland daher auf die Unantastbarkeit der Würde des Menschen und macht deren Schutz zur Aufgabe des Staates.

Für eine Erinnerung an die Leitideen des Humanismus besitzt die Rede von der Würde des Menschen gleichsam die Funktion eines Leitfossils. Leitfossilien helfen dem Geologen, einen Zeitabschnitt durch ein für ihn charakteristisches Fossil zu bestimmen. In diesem Sinne weist die Betonung der Würde des Menschen unser Zeitalter als modern aus, wenn man unter Moderne den gesamten Zeitabschnitt seit dem Ausgang des Mittelalters begreift, also jene neue Zeit, die sich zuerst in dem Aufbruch der Renaissance manifestiert hat. Dabei ist der Begriff der Würde älter. Schon Cicero hat in der römischen Antike von der Würde (*dignitas*) gesprochen, die dem Menschen eigen sei. Der Mensch unterscheide sich in seiner Vollkommenheit (*excellentia*) vom Tier, da er über Sprache verfüge, des Denkens fähig sei und sich somit einer Vorrangstellung in der belebten Welt versichern könne. Neben dieser anthropologischen Bestimmung hat Cicero den Begriff der Würde auch auf den Staat bezogen (*dignitas imperii*) und auf die nach Rang und Ansehen gestuften Bürger etwa des Römischen Reiches. Und doch ist die antike Antizipation des modernen Würdebegriffs in seiner zugleich anthropologischen und politischen Dimension nicht der einzige Ansatzpunkt für den modernen, humanistischen Begriff der *dignitas*.

Es gibt zeitgeschichtliche Dokumente, die über ihre textliche Qualität und ursprüngliche Bedeutung hinaus im Rückblick an Prägnanz gewonnen haben, da sich von ihnen Denkbewegungen herleiten oder absetzen lassen, die ihr Autor seinerzeit nicht vorhersehen konnte. Daher mag es nur auf den ersten Blick überraschen, zur Vergewisserung eines humanistischen Leitmotivs eine Schrift heranzuziehen, die wenig mit dem modernen Selbstverständnis des Menschen zu tun hat. Gegen Ende des 12. Jahrhunderts verfasste Lotario de Segni, bekannt als der spätere Papst Innozenz III., eine Abhandlung über das Elend des menschlichen Daseins: *De miseria humanae conditionis*. Nicht nur über achthundert Jahre trennen uns von dieser kleinen Schrift, auch ist der Graben sehr tief, der unsere heutige Selbstauffassung von der damaligen trennt. Ein Blick auf das von Papst Innozenz gemalte Bild vom Menschen lässt schlagartig hervortreten, wogegen sich der moderne Würdebegriff gestemmt hat. Daher gehört dieses Dokument aus einer uns fremd gewordenen Welt noch zur Geschichte unserer Gegenwart.

Innozenz grundiert das Bild vom Menschen mit dunklen Farben. Er beschreibt das Elend, das mit dem Eintritt des Menschen in die Welt verbunden ist, die Schuld, die aus dem menschlichen Tun und Streben folgt, und schließlich den Ausgang des menschlichen Daseins, der für die schuldig Gewordenen ewige Qual bedeutet. Schon der Beginn verheißt nichts Gutes, denn der Mensch ist »gemacht aus Staub, Kot und Asche – und, noch gemeiner, aus unflätigem Samen. Anlaß zu seiner Empfängnis war der Reiz des Fleisches und das Glühen der Begierde: in der Fülle der Ausschweifung und unter dem Makel der Sünde.«[9] Als Kinder sind wir schwach und gebrechlich, das Leben ist voller Mühsal und Angst, die Freuden sind kurz, das Greisenalter hart, der Tod kommt rasch. »Überall sind Furcht und Schrecken, Mühe und Schmerz. Das Fleisch leidet, so lange es lebt, und die Seele ist in Trauer über sich selbst.«[10] Unsere Schuld besteht in den Lastern der Begierde und des Geizes, der Fress- und Trunksucht. Hochmütig sind wir, eitel und stolz. Unser ganzes Leben ist vergiftet und diese Welt keine Heimstätte. »Wir sterben, während wir leben, und wir hören nur dann zu sterben auf, wenn wir aufhören zu leben. Deshalb ist es besser, dem Leben zu sterben, denn das sterbliche Leben ist nichts anderes als der lebende Tod.«[11] Weit entfernt von heutigen theologischen Versprechen eines menschenfreundlichen Gottes wartet auf den verdammten Sünder auch nach diesem Leben nichts als eine Fortdauer und Steigerung der Qual: »Dort werden sein: Seufzer und Wehklagen, Trauer, Geheule und Qual, Kreischen und Klagen, Furcht und Schrecken, Schmerz und Mühsal, Hitze und Gestank, Dunkelheit und Angst, Bitternis und Härte, Schaden, Mangel und Bedürftigkeit, Beschwerlichkeit und Trauer, Vergessen und Verwirrung, Folter und Kränkung, Bitterkeiten und Schrecken, Hunger und Durst, Kälte und Hitze, Schwefel und glühendes Feuer in alle Ewigkeit.«[12]

Die nicht enden wollende Litanei des Elends wirkt auf den heutigen Leser befremdlich und bis zur unfreiwilligen Komik überzeichnet. Die Schrift sei »ein äußerst witziges Stück Literatur«, heißt es im *Zauberberg* von Thomas Mann.[13] Dabei hat die Sichtweise des Papstes Tradition. Schon seit Augustinus wurde davon gesprochen, die Bestimmung der Sterblichen sei hart und grausam, ihre Leiblichkeit nichts wert, und Geborenwerden heiße doch nichts anderes als der Beginn eines unsäglich mühsamen Lebenslaufs. Die vielen Bibelzitate, die Innozenz in seinem Schreckensbüchlein anführt, verleihen seiner Sicht der Dinge den Anstrich theologischer Gültigkeit. Das pädagogische Ziel seiner Ausführungen ist dabei leicht zu erkennen: Des Christen rechte Haltung ist die Geringschätzung alles Irdischen. Eine ganze Literaturgattung über das Elend des Menschen (*miseria hominis*) ist zu diesem Motiv der Weltflüchtigkeit entstanden: Sie handelt von der Verachtung der Welt (*contemptus mundi*). Und wer meinte, derlei sei nur eine Ausgeburt päpstlicher Weltfremdheit, der lese die Empfehlung des Erasmus von Rotterdam – einem der führenden Humanisten –, der in seiner frühen Schrift *De contemptu mundi* noch dazu riet, den Lärm der Welt zu meiden und im Kloster ein Leben in der Ruhe der Einsamkeit zu führen. Auch der Urvater des Humanismus, Francesco Petrarca, lobte in seiner Schrift *De vita solitaria* das einsame, zurückgezogene Leben.

Die Schrift des Papstes Innozenz war also eingebettet in das, was man heute Zeitgeist nennt. Sie war weniger ungewöhnlich, als es uns heute zu sein scheint, denn sie vertrat rigoros eine Sicht auf die *conditio humana*, deren Plausibilität sich in dem

Erfolg dieses Büchleins beglaubigt. Dabei geht sie bis an die Grenze der theologischen Selbstwidersprüchlichkeit, denn man könnte über all das ausgebreitete Elend des Menschen vergessen, dass es nach christlichem Verständnis Gott gewesen ist, der sein Geschöpf in eine von ihm gestaltete Welt gesetzt hat. Sündigkeit hin oder her: Als ein von Gott Geschaffener kann der Mensch nicht vollends im Elend versinken, ist er doch ein Abbild Gottes.

Darum weiß auch Innozenz. Er lässt eine Bemerkung fallen, die zum Ausgangspunkt einer Gegenliteratur wurde. Mit diesen literarischen Reaktionen verbindet sich der humanistische Aufbruch in eine neue Weltlichkeit: Er werde, schreibt Innozenz, »mit der Hilfe Christi auch noch die Würde der menschlichen Natur zu beschreiben versuchen«.[14]

Es war ein Glücksfall für die frühen Humanisten, dass der Papst seine Ankündigung nicht wahr machte. Indem er der Nachwelt jene Schrift vorenthielt, ließ er jene Lücke, die Autoren von höherem literarischen Rang zu füllen antraten. Schon Petrarca begann über die Würde des Menschen zu schreiben, doch das berühmteste Dokument der aufblühenden Lobpreis-Literatur stammt von Giovanni Pico della Mirandola. Seine Rede über die Würde des Menschen (*De hominis dignitate*) gilt als ein Schlüsseltext des Renaissance-Humanismus, seit Jacob Burckhardt sie in seinem Grundlagenwerk *Die Cultur der Renaissance in Italien* als »wohl eines der edelsten Vermächtnisse jener Culturepoche« bezeichnet hat.[15]

Pico, aus dem Geschlecht der Grafen von Mirandola und Concordia, 1463 geboren, studierte in Bologna kanonisches Recht und in Ferrara und Padua Philosophie. 1486 lud er Gelehrte aus ganz Europa nach Rom ein, um neunhundert von ihm vorgelegte Thesen öffentlich zu diskutieren – das Vorhaben wurde durch Papst Innozenz VIII. verboten und die Thesen wurden verurteilt. Pico starb jung, im Alter von zweiunddreißig Jahren, am 17. November 1494. Seine Rede, die er für die öffentliche Disputation seiner Thesen vorbereitet hatte, eben jene *Oratio de hominis dignitate*, hat ihm seine Berühmtheit gesichert.

Schon wie Pico in seiner Rede einsetzt, ist bemerkenswert: In den Werken der Araber habe er gelesen, es gebe nichts Wunderbareres als den Menschen. Das Hochmittelalter hatte die arabischen Philosophen als Mittler der antiken, griechischen Tradition für sich entdeckt, deren Weisheit stand hoch im Kurs. Für Pico markieren sie aber vor allem das Ungenügen der eigenen Tradition, sich ein rechtes Bild vom Menschen zu machen. Gegen die Tristesse der Literatur über unser Elend begreift Pico den Menschen als einen erhabenen »Gott mit menschlichem Fleische umkleidet«.[16]

An zentraler Stelle in Picos Rede spricht Gott Adam als den ersten Menschen in direkter Rede und im Pluralis Majestatis an: »Wir haben dir keinen bestimmten Wohnsitz noch ein eigenes Gesicht, noch irgendeine besondere Gabe verliehen, o Adam, damit du jeden beliebigen Wohnsitz, jedes beliebige Gesicht und alle Gaben, die du dir sicher wünschst, auch nach deinem Willen und nach deiner eigenen Meinung haben und besitzen mögest«. Die Natur der übrigen Geschöpfe sei fest bestimmt und werde durch vorgeschriebene Gesetze in Schranken gehalten. »Du bist durch keinerlei unüberwindliche Schranken gehemmt, sondern du sollst nach deinem eigenen freien Willen, in dessen Hand ich dein Geschick gelegt habe, sogar jene Natur dir selbst vorherbestimmen.« Gott habe es so verfügt, »damit du als dein eigener, vollkommen frei und ehrenhalber schaltender Bildhauer und Dichter dir selbst die Form bestimmst, in der du zu leben wünschst«. Mit einem Wort: Gott hat uns so geschaffen, damit wir Menschen »das sind, was wir sein wollen«.[17]

Kaum etwas spricht uns heute so sehr an wie die Zusage, unser Leben selbst bestimmen zu dürfen. Wir müssen der rhetorisch hochgetriebenen Rede vom zweiten Gott nicht mehr folgen, um doch in dem Glanz dieser Selbstbezeichnung unser Spiegelbild auszumachen. Löst man behutsam das von Pico Intendierte aus den historischen Rahmenbedingungen seines Ausdrucks, bleibt der systematische Kern der Undeterminiertheit des Menschen: Weder der Kosmos noch die Natur, nicht Gott und kein Schicksal, weder die Tradition noch die Eltern bestimmen, was jemand zu sein hat. Der Mensch ist das Lebewesen, das aus den Bindungen des Natürlichen und Übernatürlichen herausschreitet, sich selbst gestaltend, entwerfend, hervorbringend. Georg Christoph Lichtenberg hat drei Jahrhunderte später die daraus entspringende Sonderstellung und mit ihr die Würde in einen Satz gefasst: »Gott schafft die Tiere, der Mensch schafft sich selber.«[18] Und für Johann Gottfried Herder ist nur der Mensch zur Freiheit bestimmt, er ist »der erste *Freigelassene* der Schöpfung«,[19] und er ist »sich selbst Zweck und Ziel der Bearbeitung«.[20] Der Unterschied von Mensch und Tier sei dabei keiner »in *Stufen*, oder *Zugabe* von *Kräften*, sondern in einer *ganz verschiedenartigen Richtung* und *Auswickelung aller Kräfte*«.[21] Für Herder gilt, »daß die Menschengattung über den Tieren nicht an *Stufen* des Mehr oder Weniger stehe, sondern an *Art*«.[22] Dies ist der unaufgebbare Kern der humanistischen Leitidee: Menschsein ist eine Form der Selbsterschaffung. Die Evolutionstheorie der Abstammung des Menschen vom Tier hat die Faszination des Grundgedankens Picos nicht verblassen lassen: Der Mensch ist das ins Offene tretende Wesen. Peter Strasser hat treffend von der »wesenhaften Wesenlosigkeit« gesprochen: »Ich betrachte den Humanismus als den authentischen Ausdruck des menschlichen Wesens: dieses paradoxen Wesens, das – aufgrund der dem Homo sapiens eigenen Freiheit, sich immer wieder neu zu ›definieren‹ – eine Art von (metaphysischer) Wesenlosigkeit begründet.«[23]

Das hat sich auch kosmologisch durchbuchstabieren lassen. Wenn Pico in seiner Rede davon spricht, Gott habe dem Menschen keinen bestimmten Wohnsitz gegeben, konnte man darin im Nachhinein eine »Idealisierung der Weltmittenposition« ausmachen, wie Hans Blumenberg es treffend formuliert hat.[24] Im antiken ptolemäischen Planetensystem hatte der Mensch seine Stellung im Weltganzen mit der Zentralstellung der Erde identifiziert und ausgedeutet. Nikolaus Kopernikus entfernte 1543 die Erde aus dieser Mitte, indem er die Sonne an ihre Stelle im Planetensystem setzte, verteidigte dabei aber die anthropologische Sonderstellung des Menschen eben durch die in der kopernikanischen Wende sich beglaubigende Kraft unserer Rationalität: Sie ist dazu fähig, ein kosmisches System entgegen der augenscheinlichen Evidenz seiner Abläufe denken zu können! Die astronomische Reform des Kopernikus stellt eine der größten Glanzleistungen innerhalb der Wissenschaftsgeschichte dar und bekräftigte seinerzeit den Eigenanspruch des Menschen, die Welt rational durchdringen zu können. Blumenberg hat das die »Rationalisierung des Teleologieprinzips« genannt: Wir haben nicht mehr im Mittelpunkt der Welt zu sein, da wir ihr Mittelpunkt sind.[25] Kopernikus hat demzufolge »den genuinen Sinn der humanistischen Bewegung des ausgehenden Mittelalters mit der Selbstauffassung seiner astronomischen Reform genauer getroffen und wesentlicher realisiert als viele von denen, die als Klassiker dieser Strömung zugeordnet werden«.[26]

Humanismus ist somit immer auch das Zutrauen in die eigenen Kräfte, der Welt rational und kritisch begegnen zu können. Dieses neue Selbstbewusstsein der Renaissance konnte 1440 einen

Triumph feiern, als Lorenzo Valla seine Schrift *De falso credita et ementita Constantini donatione* (*Wider die falsche und erlogene Schenkung Konstantins*) veröffentlichte. Kaiser Konstantin I., so die Überlieferung, erkrankte um 315 nach Christus schwer an einem Aussatz, wurde aber von Papst Silvester I. geheilt. Aus Dankbarkeit soll Konstantin dem Papst und allen seinen Nachfolgern die Herrschaft über ganz Italien und Westeuropa zum Geschenk gemacht haben. So war es urkundlich bezeugt. Doch Valla entlarvte diese Urkunde als eine Fälschung und wies somit den Machtanspruch der Kirche zurück. Der Mensch, so zeigte es sich, ist durch seinen kritischen Geist ausgezeichnet. »Das Denken macht die Größe des Menschen«, hat Blaise Pascal im 17. Jahrhundert geschrieben, um die Sonderstellung des Menschen – trotz seiner leichten Verwundbarkeit – aufgrund seines rationalen Vermögens zu betonen: »Nur ein Schilfrohr, das zerbrechlichste in der Welt, ist der Mensch, aber ein Schilfrohr, das denkt. Nicht ist es nötig, daß sich das All wappne, um ihn zu vernichten: ein Windhauch, ein Wassertropfen reichen hin, um ihn zu töten. Aber, wenn das All ihn vernichten würde, so wäre der Mensch doch edler als das, was ihn zerstört, denn er weiß, daß er stirbt, und er kennt die Übermacht des Weltalls über ihn; das Weltall aber weiß nichts davon. Unsere ganze Würde besteht also im Denken …«[27] Kant hat mit seiner *Kritik der reinen Vernunft* unserer theoretischen Erkenntnisfähigkeit ernüchternde Grenzen gesetzt. Dem grundsätzlichen Zutrauen in eine rational begründete Wissenschaft als Teilmoment des Plans einer Humanisierung der Welt hat das aber keinen Abbruch getan, lässt sich doch unsere Welt auch innerhalb dieser Grenzen sinnvoll gestalten.

Hat sich aber die neue Ungebundenheit des Menschen, von der Pico spricht, als eine Freiheit zum Selbstentwurf in den konkreten Lebensbiographien verwirklichen lassen? Der Soziologe Ulrich Beck hat die zeitgenössischen Standardisierungen von Lebenslagen und das individuelle Abweichen heutiger Wahlbiographien von normierten Biographiemustern untersucht.[28] Die variable Gestaltung von Lebensabläufen – mit verschiedenen Lebensabschnittspartnern, mit oder ohne Kinder, mit wechselnden Berufstätigkeiten an unterschiedlichen Wohnorten – nähert sich dem an, was Beck in Absetzung von früheren sozial vorgeprägten Lebensläufen eine Experimentalbiographie innerhalb einer Risikogesellschaft nennt. Zweifellos ist das angesichts der Sicherheits- und Identitätsbedürfnisse von Personen nur ein Grenzwert des Möglichen. Aber als solcher kennzeichnet er zumindest unseren Anspruch auf die eigene Gestaltung unseres Lebens. Darin sind wir Erben des frühen Humanismus. Um die neuen Freiheiten der Unbestimmtheit ausloten zu können, hat schon Erasmus von Rotterdam von den ›Lebensformen‹ (*genus vitae*) gesprochen und sich an deren Variation erprobt. In einer noch spätmittelalterlich geprägten Gesellschaft mit ihrer Hierarchisierung der verschiedenen Berufe und Lebensweisen spricht sich Erasmus mit Gespür für das Exemplarische gegen den noch allgegenwärtigen religiösen Vorrang des Mönchstums aus, »als ob es außerhalb der Kutte kein Christentum gäbe«, und dann lässt er einen Satz folgen, der die Schablonisierung von Lebensentwürfen am beispielhaften Gegenstand aufhebt: »Mönchstum ist nicht Frömmigkeit, sondern eine Art zu leben, dem einzelnen entsprechend der Beschaffenheit des Körpers und der Begabung entweder nützlich oder schädlich.«[29] Das gilt nach Erasmus auch für Frauen. Im Gegensatz zur fehlenden Selbstständigkeit von Frauen, denen vorenthalten wurde, ihre Lebensform frei zu wählen, stellt Erasmus deren Selbstbestimmungsrecht eigens heraus: Eine Frau könne frei wählen, ob sie in ein Kloster gehen wolle oder nicht. Sollte sie dies ausschlagen, könne sie die Ehe wählen oder bei ihren Eltern ein gottgefälliges und freies Leben führen.[30] Auch spricht sich Erasmus dagegen aus, Kinder zu einem Beruf zu nötigen, anstatt ihre Neigungen zu berücksichtigen.[31] Der Radius der Wahlmöglichkeiten mag uns heute als gering erscheinen, im 16. Jahrhundert war er bemerkenswert. Es war ein erstes Durchspielen der Annahme, der Mensch sei dazu berufen, selbst ein Leben zu entwerfen, das er führen will. Erasmus hat von dieser Freiheit Gebrauch gemacht. Er war mit siebzehn Jahren in ein Augustinerkloster eingetreten, verließ es aber nach gut fünf Jahren wieder, ohne vom Glauben abgefallen zu sein. Die klösterliche Lebensform entsprach nicht länger seinen Vorstellungen vom Leben. Diese tatkräftig behaupteten Wahlmöglichkeiten bezeugen das Einsetzen eines lebensweltlichen Pluralismus, den Michel de Montaigne rigoros bekräftigen wird: Er könne sich »Tausende von entgegengesetzten Lebensformen vorstellen und für gut befinden«, schreibt er in seinen *Essais*.[32]

Von dem Hintergrund des Schreckensbildes, das Papst Innozenz III. gemalt hat, hebt sich der frühe Humanismus somit durch den Optimismus ab, es könne ein lebenswertes und selbstgestaltetes Leben geben. Die Freiheit der Selbstbestimmung gehört ebenso dazu wie das grundsätzliche Zutrauen in die eigenen Selbstgestaltungskräfte. So vertraut dieser Anspruch auf Eigenständigkeit in liberalen Gesellschaften heute auch geworden zu sein scheint, so wenig selbstverständlich war er zu Beginn des europäischen Humanismus. Ein *eigenes* Leben führen zu dürfen, ist eine recht moderne Vorstellung, die mit dem Begriff der Würde aufs Engste verknüpft ist. Isaiah Berlin hat in einem Rückblick über die Jahrhunderte hinweg davon gesprochen, der Mensch sei eben als ein Lebewesen hervorgetreten, »das sein eigenes Leben zu leben hat. Das haben die Liberalen der Neuzeit seit den Tagen des Erasmus … bis heute unter Freiheit verstanden. Alle Forderungen nach bürgerlichen Freiheiten und nach Rechten für den einzelnen, alle Proteste gegen Ausbeutung und Erniedrigung, gegen Übergriffe der staatlichen Autorität oder gegen eine Hypnotisierung der Massen durch Brauchtum oder organisierte Propaganda erwachsen aus diesem individualistischen und durchaus umstrittenen Menschenbild.«[33]

3. Der Glanz des Leibes

Als die Royal Academy of Arts in London 2008 eine Ausstellung mit Bildern des Malers Lucas Cranach dem Älteren zeigte, bewarb sie das Kunstereignis in der städtischen U-Bahn mit einem Plakat, das zum Stein des Anstoßes wurde. Es zeigte eine Darstellung der Venus, der römischen Göttin der Liebe. Cranach hatte sich des mythischen Stoffes bedient, um ein unverhülltes Bildnis einer Frau zeigen zu können. Das Ölgemälde präsentiert die Venus nackt, lediglich mit einer Halskette und einem Schleier versehen, einem Schal, einem Hauch von Nichts, der die Scham der Venus nicht verdeckt, sondern eher noch betont. Mit Blick auf diese entblößte Körperlichkeit empörten sich die Zuständigen der Londoner Verkehrsbetriebe und verbannten das Plakat aus ihrer Tube. Das von Cranach auf 1532 datierte Gemälde stellte schon seinerzeit ein Wagnis dar und brachte noch fünfhundert Jahre später die Gemüter in Wallung! Der Rückgriff auf den mythischen Stoff ermöglichte eine Anschauung des neuen Menschen, wie er sich in seiner sinnlichen Leiblichkeit zu verstehen begann.

Die traditionellen Vorbehalte waren immens. Paulus hatte kaum etwas übrig für seinen Leib: »Ich unglücklicher Mensch!«, ruft er in seinem Brief an die Römer aus. »Wer wird mich aus diesem dem Tod verfallenen Leib erretten?« (Röm 7,24) Und Papst Innozenz III. weist in seiner Elendsschrift über den Menschen darauf hin, der Gerechte ertrage das irdische Leben »wie eine Verbannung, das Eingeschlossensein in den Körper wie einen Kerker«.[34] Der Benediktinermönch Petrus Damiani führte im 11. Jahrhundert die Selbstgeißelung als entscheidendes Instrument der Buße ein. Der sich selbst körperlich zugeführte und ritualisierte Schmerz opferte die Unversehrtheit des Leibes zugunsten des Seelenheils. Am wirkmächtigsten hat wohl Augustinus die Leiblichkeit des Menschen herabgesetzt. Kernstück seiner Gnadentheologie war die Sündenlehre, und der Glutkern dieser Lehre von der Verfallenheit des Menschen war die Erbsünde. Die biblische Erzählung vom Sündenfall im Paradies, dem Verzehr der verbotenen Frucht vom Baum der Erkenntnis durch Eva und Adam, hatte die Verführbarkeit aller Menschen vor Augen geführt und die Vertreibung aus dem Paradies als gerechte Strafe erscheinen lassen. Ein Leben im Schweiße seines Angesichts wartete auf den Menschen jenseits des Paradieses, den Tod vor Augen. Doch Augustinus ging einen Schritt weiter. In Adam haben für ihn alle Menschen gesündigt, sie kommen schon als Sünder auf die Welt. Noch ehe ein Kind auch nur irgendetwas begangen haben kann, ist es bereits von verfaulender Sündigkeit. Der Mensch ist durch und durch korrumpiert. Augustinus hat dafür starke

Ausdrücke gewählt. Als Gefallene sind wir Menschen »ein Haufen der Sünde« und »ein einziger Klumpen Dreck«.[35] Allein die Gnade Gottes helfe, aber nicht allen. Die große Menge werde von Gott verworfen werden.

Kaum etwas ist aufschlussreicher für den einsetzenden modernen Blick auf die Leiblichkeit des Menschen als die Neuausrichtung der Aufmerksamkeit dieser Urverfehlung gegenüber. Hatte Augustinus den Menschen in seiner Verdorbenheit *nach* dem Sündenfall zu beschreiben gesucht, wird nun nach dem ersten Menschenpaar *vor* der Ursünde gefragt. »Einmall hat der schopfer dÿe menschen gemacht, wie sie müsen sein«,[36] notiert sich Albrecht Dürer und präsentiert auf seinen beiden Gemäldetafeln *Adam und Eva* von 1507 den idealen Menschen als Paar in Frontalansicht. Dabei diente ihm die antike Figur des Apoll – in der Tradition als nackter Jüngling dargestellt – als ideelles Vorbild für den Adam, die Venus als Blaupause für Eva.[37] Schon diese Anleihen machen deutlich, wie sehr Dürer an einer Epiphanie der menschlichen Schönheit in der Gestalt seiner Leiblichkeit gelegen war.

Seine lebensgroßen Darstellungen von Adam und Eva gelten als die »wohl ersten autonomen Aktdarstellungen nördlich der Alpen« – autonom, da sie in keinen Kontext eingebunden sind, etwa als Tafeln eines kirchlichen Altars. Dürer ist mit ihnen »die Konfiguration eines Menschenpaars voll atmenden Lebens und Schönheit geglückt«, urteilt

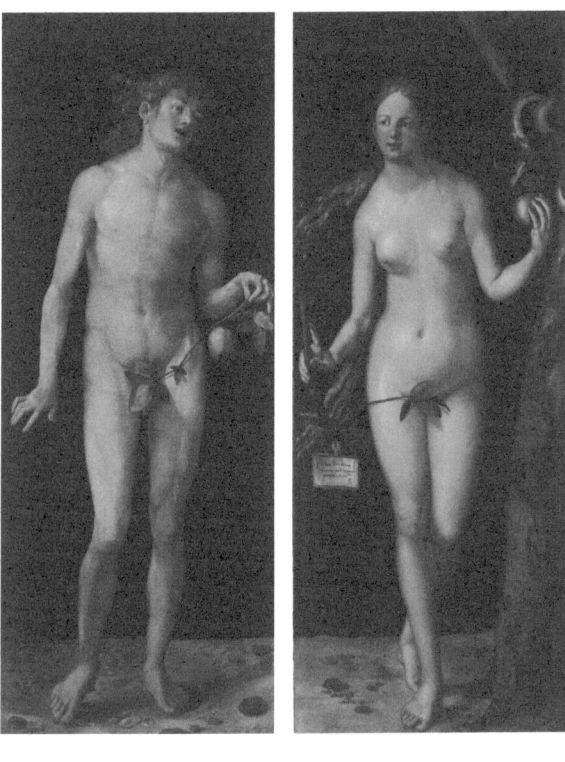

Norbert Wolf.[38] Die nackten Leiber erstrahlen im Licht, sich eindrucksvoll vom Dunkel des Hintergrunds abhebend. Es fehlen alle Details des Paradieses, die den Blick von den Körpern ablenken könnten, lediglich der angedeutete Baum der Erkenntnis mitsamt der den Apfel anbietenden Schlange aufseiten Evas und ein Ast mit einem Apfel auf Adams Tafel ergänzen die Ansicht des Urpaares. Die beiden Figuren stehen auf steinigem Boden. Es ist der Moment kurz vor dem Sündenfall, hat doch Eva den von der Schlange angebotenen Apfel schon ergriffen, auch Adam hält bereits, wie erwähnt, einen Ast mit einem Apfel in seiner Hand, aber noch haben beide nicht von der verbotenen Frucht gegessen. Zwar ist deren Scham bereits durch Blätter bedeckt. Aber weder sie noch er, darauf kommt es an, haben vom Apfel gekostet. Die Darstellung hält gleichsam im Geschehen des Sündenfalls inne, kurz bevor er vollends vollzogen sein wird. Adam scheint zu zögern, er »bewegt sich nicht mit einem festen, aggressiven Schritt, sondern zeigt eine unfeste, schwingende Stellung«, merkt Erwin Panofsky an.[39] Geziert hält seine linke Hand den dünnen Zweig mit dem Apfel, sein offenes Haar flattert im Wind. Die Tafeln haben für Christian Schoen »in erster Linie den Zustand des paradiesischen Menschen und erst in zweiter Linie den Verlust seiner Idealität« zum Thema.[40]

Hatte die biblische Erzählung den Sündenfall als ein Überschreiten des Gebotes dargestellt, nicht von den Früchten des Baums der Erkenntnis von

Gut und Böse zu essen, tritt auf Dürers Bildtafeln die sinnliche Ausstrahlung der Leiber in den Vordergrund. Deren frontale und unverschämte Präsentation spricht den Betrachter unmittelbar an, sodass die »erotische Wirkung der Tafeln weniger aus der Anziehung zwischen weiblichem und männlichem Körper entsteht, sondern daß jeder Körper für sich eine eigene erotische Ausstrahlung auf den Betrachter ausübt«, erläutert Sabine Bark.[41] Dieser Verselbstständigung der Wirkung der nackten Sichtbarkeit gegenüber der traditionellen Darstellungsweise im Kontext der Erzählung von der Vertreibung aus dem Paradies entspricht die erstaunliche Kontextlosigkeit der Bilder: Weder sind Auftraggeber noch Verwendungszweck der Tafeln bekannt. Da sie offensichtlich nicht für einen Altar vorgesehen waren, emanzipieren sie sich von ihrem kultischen Präsentationsort.

Nicht allein das Bildpaar *Adam und Eva* ist in der Akzentuierung der Thematik und der Darstellungsweise bereits nachmittelalterlich, auch das Selbstbewusstsein ihres Schöpfers ist bemerkenswert. Dem Bildnis Evas ist ein Täfelchen beigegeben, das die Urheberschaft benennt: *Albertus Dürer alemanus faciebat post virginum partum 1507*, gefolgt von dem berühmten Monogramm Dürers. Mit Selbstbewusstsein verweist er auf seine nationale Herkunft als Deutscher (*Albertus Dürer alemanus*), und er deutet einen möglichen Bezug der Eva auf Maria und ihre heilsgeschichtliche Bedeutung für die Überwindung der Sünde durch ihren Sohn an, sei sein Bild doch nach der Geburt der Jungfrau Maria, die von der Kirche am 8. September gefeiert wird, von ihm gefertigt worden (*faciebat post virginum partum*). Es kommt hier nicht darauf an, die Fluchtlinien der Bilddeutungen weiter zu verfolgen, wohl aber auf den Umstand, überhaupt im Bildnis der Eva ein Täfelchen mit dem Hinweis auf den Schöpfer vorzufinden – im Bildnis des Adam ist lediglich das Monogramm Dürers in den Erdboden eingelassen.

Der Gemäldefassung von *Adam und Eva* ging der Kupferstich *Der Sündenfall* von 1504 voraus, der die beiden Urmenschen in einer reichlich ausgestatteten Szenerie des Paradieses zeigt: Auch hier ergreift Eva die verbotene Frucht, beide haben aber noch nicht von ihr gegessen. Die Bedeutung dieses Blattes lag allein schon in der Verbreitungsmöglichkeit des neuen Menschenbildnisses, konnten doch Abzüge in hoher Zahl gedruckt und in Umlauf gebracht werden. Anders als die unikaten Ölgemälde stellen sie gleichsam die Neuerschaffung des Menschen als öffentlichkeitswirksames Projekt dar. Und auch der Kupferstich zeigt das Urpaar in seiner sinnlicher Schönheit. Erwin Panofsky hat mit Blick auf die beiden Leiber von dem »warmen Glühen menschlicher Haut« gesprochen.[42] Stephen Greenblatt hat ergänzend auf die »völlig zwanglose Schönheit der beiden nackten Figuren, unserer Ureltern«, hingewiesen: »Es war, als habe noch niemand zuvor eine solche körperliche Vollkommenheit gesehen …«[43]

Für die anatomische Gestaltung der Leiber, die der Kupferstich zeigt, hatte Dürer in den Jahren zuvor begonnen, intensive Proportionsstudien anzufertigen. Die Proportionen leitete er aus geometrischen Verhältnisbestimmungen und somit insbesondere aus Zirkelbögen ab. Die menschliche Gestalt wurde mathematisch konstruiert. Das hat Tradition: Bei Plutarch findet sich der Platon zugeschriebene Satz überliefert, Gott sei als Schöpfer stets am Geometrisieren.[44] Wenn er etwas schaffe, bediene er sich geordneter Formen, die eben mathematisch nachzuvollziehen sind. Auch Dürer wird somit zu einem Schaffenden, zu einem Schöpfer, zu einem *alter Deus*, zu einem zweiten Gott. Dazu bedient er sich eben jener Proportionslehre, um vollkommene Leiber entwerfen zu können. Als Künstler aber war Dürer frei genug, sich von den Proportionsschemata nicht auf Kosten der Anschauung gängeln zu lassen. Mit genauer Beobachtungsgabe hat er einzelne hervorstechende Schönheiten an den verschiedenen Menschen festgehalten. Da der Mensch für ihn ein Geschöpf Gottes ist, muss dessen Schönheit an allen aufzufinden sein: »Dann auß vil manicherley menschen mag durch ein verstendigen etwas gutz zusamen gelesen werden durch alle teyl der glider. Dann selten find man ein menschen, der da alle glidmaß gut hab, dann ein yedlicher hat ein mangel.«[45] Als Dürer Afrikaner zu Gesicht bekommt, ist er von deren Gesichtern befremdet. Aber er habe etliche gesehen, die »von dem gantzen leyb … wolgeschickt« gewe-

sen seien, vor allem ihre Arme seien so schön gewesen, »wie sie besser nit moechten sein«.[46] Es ist daher nicht auszuschließen, dass Adams Arme auf der Bildtafel vom Anblick der Afrikaner inspiriert worden sind.[47]

Aus all dem Berechneten und sinnlich Erfahrenen suchte Dürer den idealen Menschen zu erschaffen. Dieser Schöpfungsakt erfährt seinen besonderen Ausdruck in dem dunklen Bildhintergrund der beiden Tafeln *Adam und Eva*. Seit der Antike ist das Licht eine Metapher für Wahrheit. Das Christentum hat diese Bestimmung zu dramatisieren gewusst, indem es dem Unheil der Finsternis die Erleuchtung der Erlösung gegenüberstellte: »Ich bin das Licht der Welt. Wer mir nachfolgt, der wird nicht wandeln in der Finsternis, sondern wird das Licht des Lebens haben.« (Joh 8,12) Doch nicht allein das Heil ist mit dem Licht verbunden, das in die dunkle Welt gekommen ist, sondern auch die geschaffene Welt selbst erstrahlt im göttlichen Licht. Das von Gott Geschaffene ist das im Licht der Wahrheit Sichtbare. Das Dunkel dagegen ist nicht allein das Unheil, sondern auch das Nichts in seiner Gestaltlosigkeit. Der dunkle Bildhintergrund der Bildtafeln *Adam und Eva* scheint daher bewusst auf das Nichts zu verweisen, von dem sich das Urpaar im Licht des Seins absetzt. Das Leuchten der Leiber, die lichtbestrahlte Haut, die Epiphanie der Körper ist ein Triumph des Geschöpfes gegenüber dem Nichts. Dürer ist ihr gottgleicher Schöpfer. Daher hat er sich als deren Urheber im Gemälde eingeschrieben: Er hat nicht allein die Bildtafeln, er hat gleichsam Adam und Eva geschaffen.

Ohne einen modernen Feminismus in das 16. Jahrhundert projizieren zu wollen, fällt bereits auf den ersten Blick die Gleichwertigkeit von Mann und Frau auf den Tafeln auf. Da nach biblischer Erzählung die Frau aus der Rippe Adams geschaffen wurde, ist das bemerkenswert. Dürer hat für beide Figuren jeweils spezifische Konstruktionsprinzipien entwickelt und die Eigenständigkeit von Adam und Eva durch deren Separierung auf zwei Bildtafeln unterstrichen.[48] Hatte Dürer Eva auf dem Kupferstich von 1504 etwas kleiner dargestellt, sind nun beide Figuren annähernd gleich groß.

Die Befreiung der Frau von dem Vorbehalt, lediglich eine defizitäre Ausgabe des Mannes zu sein, findet sich auch in der zeitgenössischen Literatur. Agrippa von Nettesheim verfasste 1509 eine Verteidigung der Gleichwertigkeit von Mann und Frau, da der Unterschied der beiden Geschlechter »nur in der unterschiedenen Gelegenheit der Theile des Leibes« bestehe, »welche nöthig sind zur Fortpflanzung und Erhaltung des menschlichen Geschlechts«. Und so ist »demnach unter ihnen, nemlich zwischen Mann und Weib, in Betrachtung der Seelen und des Verstandes kein Vorzug, und gehet keiner dem andern an Vortrefflichkeit vor, sondern es haben byde Geschlechter von Natur gleiche Freyheit«.[49] Und Schedels *Weltchronik*, 1493 in Nürnberg gedruckt, bleibt zwar der Erzählung von der Schaffung Evas aus der Rippe Adams treu, hebt aber die Gleichrangigkeit der Frau hervor. Denn Gott habe »sie nit gemacht vom haubt das sie vber den man nit hersthe«, aber auch »nit vom fueß des mans das sie nit verschmeht wuerd«, sondern »von der seyten zu bewerung eins bands der lieb«.[50] Eine fürsorgliche Gleichberechtigung, mitten im ausgehenden Mittelalter.

Tritt man einen Schritt von allen kunsthistorischen und kulturgeschichtlichen Details zurück, bleibt der unmittelbare Eindruck, den Dürers Bildtafeln noch heute machen. Die Ansicht der beiden Figuren vermag dabei aus der thematischen Einfassung herausgelöst zu werden. Dann aber sieht der Betrachter nicht mehr als erstes ein sündiges, sondern ein schönes Menschenpaar. Darin liegt die Wucht dieser Bilder begründet, die in ihrer Darstellung des menschlichen Leibes den szenischen Rahmen übersteigen. Der heilige Benedikt soll sich, um dem Anblick einer Frau zu entgehen, nackt in dornigem Gestrüpp und brennenden Nesseln gewälzt haben, um verwundet am ganzen Leib die Unversehrtheit der Seele zu wahren. Von der Pein der Sünde erzählten auch die großen Paradiesgemälde der Renaissance: Masaccio hatte um 1425 für die Kirche Santa Maria del Carmine in Florenz die Vertreibung von Adam und Eva aus dem Paradies gemalt und deren Antlitze von Gram verzerrt dargestellt. Doch wie anders dagegen zeigte bereits Jan van Eyck Adam und Eva auf seinem Genter Altar von 1432. Adam tritt gleichsam aus dem Rahmen des Altars heraus, lässt van Eyck ihn doch den rech-

ten Fuß scheinbar über die unterste Holzleiste setzen. Dürers Urpaar scheint vollends jede Erlösungs-
bedürftigkeit zu fehlen. Die sich ankündigende
Sünde hat sie noch nicht entstellt. Ihre ungemeine
Weltlichkeit genügt sich selbst, und sie ist des Lobes
würdig. Dürer hatte keine Vorbehalte gegenüber
seinen beiden fast unverhüllten Aktportraits: »Vnd
jch haltt dafür, je geneüer vnd geleicher ein bild den
menschen enlich gemacht würdet, je pesser das selb
werck sey.«[51] Mit den Gemälden aber ist auch das
dargestellte Menschenpaar zu preisen. Es braucht
sich nicht zu verstecken. Hatte das biblische Thema
das Feigenblatt der Scham noch vorgeschrieben,
zeichnet Dürer wohl in den Jahren zwischen 1500
und 1505, also zur Zeit seiner einsetzenden Beschäf-
tigung mit Adam und Eva, von sich ein Selbstbild-
nis als Akt. Auf dem Blatt fixiert Dürers Blick den
Betrachter, sein Geschlecht ist unverhüllt, Scham
ist nicht auszumachen.

Die neu entdeckte Würde des Menschen erstreckte sich im aufkeimenden Humanismus eben
auch auf den eigenen Leib, der mehr zu sein begann
als eine notwendige fleischliche Hülle für die in die
Welt geworfene Seele. Gianozzo Manetti lobt in
seiner 1452 fertiggestellten Schrift *De dignitate et
excellentia hominis* die Würde und Erhabenheit
des Menschen. Gott habe seiner Schöpfung einen
solchen Wert beigemessen, dass er dem Menschen
»strahlendste Schönheit, reichste Begabung, höchste Weisheit, äußersten Reichtum und schließlich
höchste Macht verlieh. Denn die Schönheit des

Menschen«, so Manetti, ist »herrlich und erhaben.«[52] Ausdrücklich schließt er die Leiblichkeit in dieses Lob ein: »Welche Anordnung der Glieder nun, welche Harmonie der Formen, welche Gestalt, welche Erscheinung könnte schöner sein oder gedacht werden als die des Menschen?«[53]

Wenn der Leib des Menschen in seiner Schönheit zu würdigen ist, dann aber sind Krankheit und Verstümmelung, Alter und Tod eine Zumutung. Solange der theologische Hinweis der Paradieserzählung, die Misere des Menschen verdanke sich der eigenen Sündhaftigkeit, noch Gültigkeit zu beanspruchen vermochte, war jedes Gebrechen als Strafe und Prüfung Gottes zu begreifen. Doch die Pestwellen, die ab Mitte des 14. Jahrhunderts Europa heimsuchten, überstiegen jedes Maß und sprengten die Proportionalität von Schuld und Strafe. Ein Drittel der Bevölkerung auf unserem Kontinent soll Schätzungen zufolge dahingerafft worden sein. Die Pest wurde zum blinden Schicksal, denn es konnte jeden treffen, den Mörder wie den Gerechten, den Bischof wie den Bauern, Kinder und Alte, Männer wie Frauen. Petrarca hat die Schrecken der Seuche in dem Gedicht »Ad se ipsum« (»An sich selbst«) festgehalten, seine Verse beben vor Entsetzen: »Denn endlos seh ich leiderfüllte Scharen / im Tod erbleichen … / Zitternd denke / ich alles durch, des nahen Todes Pein / empfind ich ahnend; um sein Haupt zu bergen, / gewährt nicht Meer noch Erde noch die Höhle / im Felsengrund dem Flüchtling Sicherheit. / Ein riesenstarker Sieger ist der Tod, / und gegen ihn kann mich kein Obdach schützen.« Doch warum all das Leid? »Ist's Gottes Zorn, den unsre Sünde sicher / so oft verdient? Hat die Natur allein sich so geändert, daß die Luft verdarb?« Das Ausmaß des Leidens ließ sich den Sinnkoordinaten des ausgehenden Mittelalters nicht länger einfügen. Wem die apokalyptische Vorstellung eines gerechten Weltendes nicht zusagte, dem blieb der Protest. »Wie oft ergreift / gerechter Schmerz und der Entrüstung Ernst mein schwankend Herz«, empört sich Petrarca.[54]

Nicht nur für den vollkommenen menschlichen Körper, den der Renaissance-Humanismus zu rühmen wusste, auch für den geschundenen hat sich ein zeitgenössischer Bildausdruck gefunden. Im Aufmerksamkeitszentrum des Isenheimer Altars, von Matthias Grünewald zwischen 1512 und 1516 geschaffen, also in unmittelbarer zeitlicher Nähe zu Dürers Bildnissen von Adam und Eva, steht der Gekreuzigte. Im Gegensatz zu vielen mittelalterlichen Kreuzigungsdarstellungen, die dem Christen den Anblick der Folter in ihrer ganzen Brutalität ersparen, trifft Grünewalds Altar noch den heutigen Betrachter schonungslos. Während andere Kruzifixe oftmals Jesus als den am Kreuz Zusammengesackten zeigen, ist hier der Leib durch eine Spannfolter bis aufs Äußerste gedehnt und wird somit frontal präsentiert. Die aufgerissenen Hände, die mit Dornen übersäte Haut, die schmerzverkrümmten Füße zeugen vom unfassbaren Leid, das dieser Leib ertragen muss. Ohne Kraft hängt der Kopf, gepeinigt von einer ausladenden Dornenkrone, zur Seite. Die Lippen sind blau, die Augen geschlossen.

Während uns bei Dürers Gemälde *Adam und Eva* Auftraggeber und Verwendungskontext unbekannt sind, gewinnt der Isenheimer Altar durch seinen historischen Hintergrund noch an Kontur. Er wurde für den Orden der Antoniter angefertigt, die in Isenheim im heutigen Elsass einen Konvent besaßen. Der Laienorden, dem heiligen Antonius verpflichtet, war ein Hospitalorden, also der Pflege von Kranken gewidmet. Kranke wurden vor den Bildaltar gebracht, damit sie sich im gemarterten Leib des Gekreuzigten wiedererkennen konnten und in der Auferstehungsdarstellung Hoffnung schöpfen mochten. Der Altar beglaubigt zwar anhand der verschiedenen Bildstationen – Verkündigung, Menschwerdung, Kreuzigung, Auferstehung – die biblische Erzählung von Jesu Sieg über den Tod, doch die konkrete Leiblichkeit des Gefolterten nimmt eine bis dahin ungekannte Unmittelbarkeit und Sichtbarkeit ein. Der Isenheimer Altar »ist wohl die unmittelbarste und wahrscheinlich bedeutendste künstlerische Urkunde einer besonders betonten und aus der medizinischen Betätigung des Ordens begründeten Auffassung von Leib und Krankheit im späten Mittelalter«.[55] Jenseits des erwartbaren theologisch-spirituellen Bedeutungsvokabulars besitzt die Kreuzigungsszene einen weltlichen Überschuss, den der heutige Betrachter als einen schockierenden Realismus begreifen mag, dem aber schon seinerzeit ein Moment des Auf-

begehrens eingeschrieben war. Um keinen Zweifel aufkommen zu lassen: Das ist reine Spekulation und durch keine Quellen absicherbar. Aber ist es nicht erlaubt, der unerträglich genauen Abbildung des körperlichen Leidens des Gekreuzigten den Wunsch nach leiblicher Fürsorge und Linderung der Schmerzen zu entnehmen? Viele der von den Mönchen Behandelten litten unter dem sogenannten ›heiligen Feuer‹ (*ignis sacer*), ausgelöst – wie man heute weiß – durch den Verzehr von durch Mutterkornpilz befallenen Roggen. Die Folgen, die der Mönch Siegebert von Gembloux beschrieben hat, waren verheerend, und sie illustrieren die gewachsene Plausibilität der schockierenden Darstellung des Gekreuzigten: Siegebert beschreibt das Seuchenjahr 1089, in dem viele am ›heiligen Feuer‹ Erkrankten »an ihren zerfressenen Gliedern verfaulten, die schwarz wie Kohle wurden. Sie starben entweder elendig oder sie setzten ein noch elenderes Leben fort, nachdem die verfaulten Hände und Füße abgetrennt waren. Viele aber wurden von nervösen Krämpfen gequält.«[56]

Der Isenheimer Altar diente nun nicht allein der spirituellen Begleitung der körperlich Heimgesuchten. Dafür spricht die Abbildung von verschiedenen Heilkräutern auf dem linken Flügel, der die Begegnung des heiligen Antonius mit dem Eremiten Paulus zeigt. Zu Füßen des Heiligen sind unter anderem Eisenkraut und Breitwegerich zu erkennen, die gegen das ›heilige Feuer‹ eingesetzt wurden. Denn darauf läuft es hinaus: Wenn der

Mensch, wie von Dürer dargestellt, auch in seiner Leiblichkeit schön und gut ist, dann ist die Krankheit ein Übel. Sie wird zur Zumutung, wenn die theologischen Erklärungsmuster verblassen, in ihr Prüfung und Bestrafung zu sehen. Keine drei Jahrhunderte später wird Georg Christoph Lichtenberg mit Blick auf seine eigenen Gebrechen einen Schöpfungstadel aussprechen, der an den König Alfonso erinnert. Alfons der Weise, König von Kastilien, hatte im 12. Jahrhundert behauptet, die Welt wäre besser geraten, wenn er bei der Schöpfung hätte dabei sein können. Das war zunächst auf die Natur des Menschen hin gesagt, bevor diese Kritik an den geschaffenen Verhältnissen in ihrer Rezeptionsgeschichte auf den Bau des Kosmos ausgedehnt worden ist.[57] Lichtenberg variiert: »Wenn es der Himmel für nötig und nützlich finden sollte mich und mein Leben noch einmal neu aufzulegen, so wollte ich ihm einige nicht unnütze Bemerkungen zur neuen Auflage mitteilen, die hauptsächlich die Zeichnung des Porträts und den Plan des Ganzen angehen.«[58] Schon Dürer hatte sich als unmittelbaren Nachfahren von Adam begriffen und in seinen Selbstportraits den Anspruch auf Würde und Erhabenheit zum Ausdruck gebracht. Auf Dauer, dafür ist Lichtenberg nur ein besonders exemplarischer Beleg, wird das in den Anspruch auf körperliche Unversehrtheit münden. Wiederum ist es Lichtenberg, der jenen Satz in aller Nüchternheit ausspricht, der gegen die gesamte Tradition der religiösen Bedeutungsaufladung des Leidens ausgesprochen ist: »Krankheit ist das größte Gebrechen des Menschen.«[59]

Dieser schlichte Satz enthält unausgesprochen die Aufforderung, alles Menschenmögliche zu unternehmen, um dem Kranken zu helfen. Unser Bild vom Tod, schreibt Montaigne, der unter Nierenkoliken litt, sei vor allem vom Schmerz bestimmt, und er räumt ein, dass Schmerzen »das Schlimmste sind, was uns im Leben widerfahren kann«.[60] Epikur dagegen hat behauptet, der Tod gehe uns nichts an: Wenn wir leben, ist der Tod nicht, und wenn wir tot sind, leben wir nicht mehr. Was hier fein säuberlich geschieden scheint, hat die Hinfälligkeit des Leibes und den mühevollen Prozess des allmählichen Alterns ausgeklammert. Der moderne Humanismus ist dieser intellektuellen Raffinesse nicht gefolgt, um stattdessen den Krankheiten des Leibes den Kampf anzusagen. Folgerichtig hat schon Erasmus von Rotterdam ein *Lob der Heilkunst* (*Encomium artis medicae*) verfasst, in dem er förderliches Wissen über Diät und eine gesunde Lebensweise empfiehlt. Humanismus ist der Versuch, Krankheiten zurückzudrängen, das Altern zu erleichtern, das Sterben den menschlichen Ansprüchen zumindest anzunähern.

Es muss daher als ein großer Triumph für den Plan von der Humanisierung unserer Lebenswelt begriffen werden, als William Thomas Green Morton am 16. Oktober 1846 in Boston öffentlich das erste Mal einen Patienten unter Narkose zu operieren vermochte. Waren die Ärzte bis dahin bei operativen

Eingriffen auf eine Minimierung der Schmerzen durch Schnelligkeit angewiesen gewesen – Napoleons Leibchirurg Jean-Dominique Larrey führte die Amputation eines Armes im Schultergelenk in zwei Minuten durch –, gelang es nun durch Schwefeläther, später ging man zu Lachgas und Chloroform über, vorübergehende Schmerzfreiheit zu erzeugen und somit die mögliche Operationsdauer zu strecken. 1847 setzte Ignaz Semmelweis in einem Wiener Krankenhaus die Hygieneverordnung durch, der zufolge Ärzte nach den Sektionen von Leichen sich die Hände in desinfizierendem Chlorwasser zu waschen hatten, bevor sie Schwangere behandelten – die Sterblichkeitsrate der Gebärenden sank rapide. 1854 erkannte John Snow den Übertragungsweg von Cholera, 1882 entdeckte Robert Koch den Erreger der Tuberkulose. Henry Dunant war für die Gründung des Roten Kreuzes 1864 verantwortlich, um den Verwundeten auf den Schlachtfeldern der Kriege beistehen zu können. Die 1971 gegründeten *Médecins Sans Frontières*, die ›Ärzte ohne Grenzen‹, sind Inbegriff des humanistischen Anspruchs, allen zivilen Kranken zu helfen, unabhängig von ihrem kulturellen, religiösen, weltanschaulichen oder politischen Hintergrund.[61]

Dabei ist auch diese Geschichte der medizinischen Humanisierung der Welt nicht ohne dunkle Kapitel zu erzählen. Robert Koch, Mitbegründer der Mikrobiologie, war nach 1883 an der Erforschung von Tropenkrankheiten in Afrika beteiligt. Die Behandlung etwa der Schlafkrankheit diente dabei nicht dem lauteren Ziel, den Erkrankten zu helfen, sondern die koloniale Infrastruktur der Ausbeutung stabil zu halten. Koch unternahm Versuche an Menschen mit Medikamenten, die in Deutschland verboten waren. In sogenannten Konzentrationslagern wurden Einheimische unter erbärmlichen Bedingungen inhaftiert, um an ihnen Humanexperimente durchzuführen. Dosierungen wurden erprobt, ohne vor den fatalen Nebenwirkungen bei den Ungefragten zurückzuschrecken. Die von Europa aus gesehene Peripherie der Kolonien diente als inhumanes Versuchslabor für medizinische Fortschritte. Eine Fortsetzung fanden diese Verbrechen in den Konzentrationslagern der Nationalsozialisten.[62] Die Geschichte der Medizin ist daher kein unbeflecktes Ruhmesblatt der Moderne.

Dennoch gehören die medizinischen Behandlungsmöglichkeiten zu jenen Errungenschaften, auf die zu verzichten kaum jemand bereit sein wird. Wenn überhaupt von einem humanisierenden Fortschritt noch die Rede sein kann – die Heilung von Krankheiten oder zumindest die Verringerung von Schmerzen machen dessen besten Teil aus. Dabei hat erst die humanistische Aufwertung der Leiblichkeit die Anstrengungen einer medizinischen Forschung mobilisieren können.

Es ist leicht, die Leibverachtung früherer Zeiten zu verachten. Doch die moderne Bindung des Seelenlebens an die Leiblichkeit verlangt die Preisgabe der Ewigkeit. Von Himmel und Jenseits ist kaum noch die Rede, an ihre Stelle ist die Gesundheit getreten. Goethe hat das bemerkt: »Und das lange Leben tritt an die Stelle der Unsterblichkeit.«[63] Er selbst hat sein Leben den Krankheiten abgetrotzt. Nach einer schweren Geburt kam er halbtot zur Welt. Als Kind zog er sich Masern und Windpocken zu, während seines Studiums erlitt er einen ›Blutsturz‹ und eine Lungenaffektation. Im fortgeschrittenen Alter peinigten ihn eine schwere und lebensbedrohliche Wundrose im Gesicht, die auf sein linkes Auge und auf den Gaumen, Rachen und Kehlkopf übergriff. Er überlebte eine Herzbeutelentzündung und schweren Krampfhusten. Die Nachricht vom Tod seines Sohnes löste einen ›Lungenblutsturz‹ aus. Er hat all das überlebt. Er wurde zweiundachtzig Jahre alt.

4. Bildung wider die Barbarei

Auf der Suche nach Einstiegsstellen in die Geschichte unserer Gegenwart kommt uns vornehmlich die italienisch inspirierte Renaissance in den Blick. Diese Wende ist uns vertraut, da sie bis heute unserem Selbstverständnis entgegenkommt. Ihre Portraitmalerei bietet uns Darstellungen von selbstbewussten Individuen, die uns über all die Jahrhunderte hinweg unvermittelt anschauen. Ihre Architektur, wie etwa der Dom von Florenz oder die Piazza del Campo in Siena, sind mit Sehnsucht verbundene Reiseziele. Die aufbrechende Wissenschaft der Renaissance fasziniert uns, Leonardo da Vinci ist uns ihre Ikone. Das Profil Dantes schmückt eine Zwei-Euro-Münze. In der Einführung der doppelten Buchführung im Rechnungswesen erkennen wir den Beginn unserer umtriebigen Finanzwelt. Kurz: Wenn Pico della Mirandola über die Würde des Menschen schreibt, fühlen wir uns angesprochen.

Doch es gibt eine weitere zurückliegende Schwelle, die das Abendland überschritten hat und der die europäische Kultur Leitmotive unseres Selbstverständnisses verdankt. Sie führt uns in eine fremd gewordene Welt, deren Umrisse wir nur unscharf zu fassen bekommen. Ihre Protagonisten entziehen sich unserem biographischen Verlangen nach Fakten und Details, alle bildlichen Darstellungen von ihnen entsprechen in ihrem Schematismus nicht mehr unserem heutigen Verlangen nach realistischer Individualität. Es war ein anderes Leben vor zwölfhundert Jahren, eine andere Landschaft, in die kleine und oftmals verfallene Städte eingelassen waren. Das Reisen war beschwerlich, ganze Landstriche müssen wir uns als entvölkert vorstellen. Und doch ragt aus dieser vagen Zeitferne eine Gestalt heraus, mit der etwas seinen Anfang genommen hat, das noch heute einige unserer Leitideen prägt: die Vorstellung von Einheit auf dem europäischen Kontinent etwa, und die Hoffnung, dass nicht allein die Blutspur der Gewalt, sondern auch die Bildung ein Fundament für einen solchen Zusammenhalt darzustellen in der Lage sein soll. Kaum ein privates Zeugnis hat sich von ihm erhalten, und doch verbindet uns etwas mit Karl dem Großen, an das es zu erinnern lohnt.

Karl war des Schreibens nicht mächtig. Der königliche Herrscher über das Fränkische Reich, das sich bis an die Küsten der Nordsee, des Atlantiks und des Mittelmeers erstreckte und welches das untergegangene Weströmische Reich erneuerte, diese integrale Machtgestalt, die sich am 25. Dezember 800 nach Christus in Rom vom Papst zum Kaiser krönen ließ, dieser erste mit Caesarenwürde ausgestattete Imperator nach der Antike, hatte für schlaflose Nächte Schreibtäfelchen unter dem Kopfkissen, um die Buchstaben des Alphabets zu üben, so berichtet es sein erster Biograph und Zeitgenosse Einhard.[64] Weit vorangekommen ist er nicht, aber die Schreibversuche verraten seine Einsicht in den Zusammenhang von Macht und Wissen, Herrschaft und Bildung.

Vieles bleibt in der Unschärfe der Anfänge unsichtbar, Karl ist daher längst zu einer mythischen Gestalt geworden, seit er im europäischen Gedächtnis zum Carolus Magnus aufgestiegen ist. Noch heute verweist der Aachener Karlspreis für verdiente Europäer auf seine Bedeutung für unser kulturelles Selbstverständnis. Dabei ist Karl vor allem eines gewesen: ein Krieger. Feldzüge, Siege und Niederlagen bestimmten sein Leben. Sein weit ausgestrecktes Reich hat wenig mit dem zu tun, was uns heute als ein vereintes Europa vor Augen steht. Der Historiker Jacques LeGoff hat davon gesprochen, Karls Europa sei ein »fehlgeborenes«, da es sich um »den ersten aller gescheiterten Versuche handelt, ein Europa unter der Herrschaft eines Volkes oder Reichs zu bauen«.[65] Doch zum bleibenden Erbe der flüchtigen Karolingerherrschaft gehört Karls epochale Entscheidung zugunsten der Bildung. Seine Initiative, durch den Ausbau von Schulen eine zivilisierte Bildungsschicht hervorzubringen, mache das »am besten gelungene Europa der Karolingerzeit« aus.[66] Karl, der das Rechnen lernte und sich »mit großem Wissensdurst und aufmerksamem Interesse« den Bewegungen der Himmelskörper widmete, wie schon Einhard schrieb,[67] machte den Schutz und die Förderung der Wissenschaften zu seiner Aufgabe. Das muss man nicht idealisieren, man sollte den programmatischen Wert dieser Entscheidung anerkennen.

Die Karolingische Reform stellt eine der bedeutendsten Bildungsoffensiven dar, derer sich die moderne europäische Kultur mitverdankt. Schon ein einziges zeitgeschichtliches Detail illustriert den Wissensnotstand, dem Karl mit seiner Reform etwas entgegenzustemmen suchte: Ein handgeschriebenes Buch, als wertvolles Prunkstück mit Edelsteinen auf dem Einband und Miniaturmalereien im Inneren, besaß zu Karls Zeit den Wert eines ganzen Bauernhofes, und im großen Reich gab es nur einige wenige hundert Personen, die es zu lesen in der Lage waren.[68] Einen Austausch unter Gelehrten gab es kaum, denn das Reich war vor allem eines: Wald. Mit dem Niedergang der Antike war das zivilisatorische Netz des Römischen Reiches zerrissen. Straßen waren unpassierbar geworden, Aquädukte zerfallen, der Mittelmeerhandel war zusammengebrochen. Völkerwanderungen vereitelten jede größere politische Einheit. In Rom hatten die Vandalen gehaust.

Karl suchte all dem ein Symbol entgegenzusetzen, das Standfestigkeit und Ruhe, Gleichmaß und Schönheit ausstrahlen sollte. Wie immer, wenn man den Ausdruck für das Neue noch nicht gefunden hat, griff auch Karl zum Zitat: So ließ er in Aachen einen Dom bauen, dessen herrschaftliches Achteck im Innenraum noch heute auf den Betrachter unmittelbar zu wirken vermag. Dieser architektonische Kunstgriff, Erhabenheit durch Stabilität, Halt durch Ordnung zu repräsentieren, war ein doppeltes Zitat. Acht Wohltaten habe Karl von Gott empfangen, hatte ihm der Ire Cathuulf geschrieben, acht Säulen solle er mit sich führen, um die Burg Gottes (*castra Dei*) zu schützen: Wahrheit, Geduld, Freigebigkeit, Überzeugungskraft, Bestrafung des Bösen, Erhöhung der Guten, leichte Steuern und Billigkeit des Gerichtsurteils.[69] Eine geistige Vorlage für die Architektur des Achtecks? Vielleicht. Vermutungen sind erlaubt, wo die Quellen schweigen.

Mit Sicherheit aber war die Kirche San Vitale von Ravenna Vorbild für die Aachener Gottesburg. Im hohen Norden, jenseits der Alpen gebaut, kopiert der Dom zu Aachen jene Kirche des byzantinischen, oströmischen Reiches, die seinerzeit bereits dreihundert Jahre alt war und somit jene Nähe zur Antike besaß, auf die es Karl ankam. Es war ein geglückter Neuanfang durch einen Rückgriff: »Der Gedanke, Ostrom zu kopieren und San Vitale nachzubauen, es räumlich und zeitlich zu versetzen«, bemerkt Kurt Flasch, »dies war schon eine ungeheure Originalität.«[70] Es gibt Momente, in denen das gelungene Zitat den Bedarf zeitgenössischer Ursprünglichkeit nicht nur deckt, sondern überbietet. So viel Anfang war selten.

Als ein des Schreibens Unkundiger war Karl auf Gehilfen angewiesen, auch für sein Projekt einer Erneuerung der Bildung. Zu ihnen gehörte Alkuin aus York. Ein Glücksfall. Als Leiter der königlichen

Hofschule machte er eine nachwachsende Gelehr-
tengemeinschaft mit Philosophie und antikem Wissen vertraut. Diese Gelehrten wiederum standen
neu errichteten Kloster- und Stiftsschulen im Reich
vor. So wurde ein bedrohtes Wissen gesichert, und
es spannte sich ein Netzwerk eines neuen Denkens,
das an der ehrwürdigen Tradition Maß nahm, um
die Gegenwart aufblühen zu lassen. In diesen klös-
terlichen Schreib- und Lesestuben wurde die Einsicht bewahrt, dass sich die eigene geschichtliche
Identität dem geistigen Zweistromland verdankt,
das auf die Bibel und die beiden großen Epen Ho-
mers zurückgeht und seitdem als die zwei Flüsse
des jüdisch-christlichen Glaubens sowie des litera-
risch überlieferten Wissens und Denkens die westliche Kultur bewässert.

Bildung ist daher immer auch Gedächtnis. Unter ›Bildung‹ verstand man noch im 18. Jahrhundert
die *formatio*, medizinisch gedacht also die »Bildung
der Frucht im Mutter-Leibe bey Menschen und
Vieh«, wie im dritten Band von Zedlers *Grossem
vollständigen Universal-Lexicon aller Wissenschaff-
ten und Künste* von 1733 zu lesen ist. In übertrage-
nem Sinne ist Bildung daher zunächst das Wissen
von der eigenen Herkunft. Erst die avantgardisti-
sche Moderne hat das Leben in Zitaten unter den
Verdacht mangelnder Originalität, um nicht zu
sagen: mangelnder Genialität gestellt. Davon kann
bei der Karolingischen Reform nicht die Rede sein.
Gerade der Anschluss an Altbewährtes eröffnete
hier die Zukunft. Flasch spricht daher von der »Ein-

setzung« als dem Schlüssel zur karolingischen Kultur.[71] In eine leere Fassung, die zu füllen man aus eigener Kraft noch nicht imstande war, setzte man eine Kopie ein, als Akt der Aneignung und der zeitgenössischen Rahmung zugleich. So hat man es immer gemacht: Die Romantik um 1800 wird die Fassung für ein wiedereingesetztes Mittelalter sein, die Klassik Winkelmanns der Rahmen, in dem die ästhetische Antike wiederauferstehen konnte. Dabei wird das Herbeigerufene stets auf eigene Weise gebildet, geformt und passend gemacht. So wird jedes zeitgeschichtliche Zitat zu etwas Originellem und selbst zu einem Ausdruck seiner Zeit.

In Karls neuen Schulen hat man daher zunächst vor allem eines getan: abgeschrieben. Zur Zeit seiner Herrschaft lässt sich eine wachsende Zahl an Abschriften tradierter Texte ausmachen, Historiker verweisen auf etwa zehntausend Manuskripte, die in den Schreibwerkstätten, den Skriptorien, entstanden.[72] Der Aufwand war enorm, die Kosten immens. Bildung ist immer schon teuer gewesen. Die intellektuelle Dynamik des Mittelalters war also vor allem eines: produktive Aneignung. Damit sind weder die Brillanz noch der Scharfsinn eines Albertus Magnus, eines Thomas von Aquin oder Duns Scotus infrage gestellt. Aber deren kognitives Temperament ist von dem Willen bestimmt, sich innovativ in einem Rahmen der Tradition bewegen zu wollen, der nicht zur Disposition stand und der letztlich nicht allein weltlich, sondern heilsgeschichtlich bestimmt war. Anders als im modernen Individualismus kam es eben weder auf den Einzelnen noch auf seine Leistungen an. ›Neuerungssucht‹ stand unter dem Verdacht einer sündigen Gier, und die großen Innovatoren, wie etwa Nikolaus Kopernikus, haben viel rhetorisches Talent bewiesen, ihre gedanklichen Revolutionen als in die Tradition eingebettet darzustellen. Von Karl dem Großen ist überliefert, er habe sich während der Mahlzeiten oftmals Historienwerke vorlesen lassen, um die Taten der Alten vor Augen geführt zu bekommen.[73]

Unter der Hand hat die Karolingische Bildungsreform – bei aller gewahrten Frömmigkeit – ein Erstarken rein weltlicher Traditionen befördert. Das tradierte Wissen war vornehmlich antikes Wissen, somit eines, das unter religiösem Vorbehalt stand. Der heilige Hieronymus hatte vier Jahrhunderte zuvor den Wert antiker Dichtung noch brüsk zurückgewiesen: »Was hat Horaz mit dem Psalterium zu tun, was Maro« – gemeint ist Vergil – »mit den Evangelien, was Cicero mit den Aposteln?«[74] Derartige Vorbehalte verblassten nun. »Wenn uns verboten wird, die heidnischen Erfindungen zu nutzen, was bleibt uns dann noch übrig, ich bitte euch, auf dem Feld, in den Städten, in den Kirchen, den Häusern und Werkstätten, zu Hause und im Krieg, im privaten und öffentlichen Leben? Wir Christen haben ja nichts, was wir nicht von den Heiden geerbt haben! Selbst wenn wir schreiben und Latein sprechen, so haben wir das von den Heiden übernommen. Ihnen verdanken wir die Schriftlichkeit und die Erfindung der Sprache!«[75] Das hat kein Zeitgenosse Karls geschrieben, sondern Erasmus von Rotterdam. Für ihn gibt es überhaupt nur weltliche Bildung (*eruditio secularis*), und die ist für ihn gleichbedeutend mit antiker Bildung (*eruditio antiqua*).

1518 war in Köln das Manifest *Vallum humanitas* erschienen, ein *Schutzwall der Humanität*, geschrieben von Hermann von dem Busche. Auch Erasmus widmete diesem Ansinnen eigens eine Schrift, dem die zitierte Verteidigung des antiken Wissens entnommen ist: *Gegen die Barbaren* (*Antibarbari*), erstmals 1520 in Basel gedruckt, aber annähernd drei Jahrzehnte zuvor verfasst. Die Schrift richtete sich vornehmlich gegen die Ignoranz und intellektuelle Rückständigkeit der Lehrer während seiner Jugendzeit, die ihm anspruchsvolle lateinischen Lektüren verboten hatten – Erasmus las die verheißungsvollen Bücher heimlich. Doch zugleich steht diese Frühschrift für ein grundsätzlicher einsetzendes Programm der Entbarbarisierung durch Bildung.

Erasmus' Ziel war die Errichtung einer Republik des Geistes, eine *respublica litteraria*, um die Unbildung auszutreiben. Das war kein schöngeistiges Glasperlenspiel für den intellektuellen Zeitvertreib, sondern ein Gegenentwurf zur Realpolitik: »Kaiserliche und Franzosen vertragen sich nicht – wohl aber vertragen sich jene, die sich denselben Studien verschrieben haben«, hofft Erasmus.[76] Bildung und die Errichtung einer Gelehrtenrepublik werden ihm zur utopischen Alternative zur Politik der Gewalt der Kriegstreiber. Vielleicht ist ja Bildung das solidere Fundament einer jeden Gesellschaft? »Mit wie viel Blut wurde das Römische Reich errichtet und wie schnell begann es zusammenzubrechen!«[77] Der Streit wird gleichsam transformiert: Anstelle des Schwertes soll nun mit Argumenten gekämpft werden.

Bücher wurden zu einem Reichtum eigener Geltung. Dafür gibt es einen imposanten Beleg. Der vermögende Herzog Federico da Montefeltro stellte im 15. Jahrhundert eine repräsentative Humanistenbibliothek für seinen Palast von Urbino zusammen. Die öffentlich zugängliche Bibliothek war zugleich Prunkstück des Palastes, Ausdruck eines neuen Bildungsstolzes und Forschungsstätte. Über tausend Codices soll sie enthalten haben, darunter wertvoll ausgestaltete und eigens für Federico angefertigte Abschriften. In knapp zwei Jahrzehnten hat der Herzog, Schätzungen zufolge, die immense Summe von 30 000 Dukaten für Bücher ausgegeben – in Florenz hätte man dafür sechs Paläste bauen können.[78] Eine Inschrift verwies auf den Rang der Büchersammlung, indem sie mit dem Luxus des Hauses verglichen wurde: »Hier sind Reichtümer zu sehen, goldene Gefäße und große Schätze; Scharen von Bediensteten, Gold und Edelsteine; edle Gewänder und kostbare Schmuckstücke. Doch alles wird von der Erlesenheit der Ausstattung übertroffen: die vergoldeten Marmoreinfassungen der Pforten, die mit Fresken geschmückten Räume ... Außen und innen im Palast herrscht königlicher Glanz, die Dinge schweigen allerdings. Doch die Bibliothek ist gut ausgestattet und in allem gerüstet. Hier kann man sich unterhalten, wenn man kundig ist, oder schweigen. Sie präsentiert sich mächtig, und erfreut den Leser, sie berichtet von vergangenen Zeiten und bereitet die Zukunft vor, erklärt alle Taten des Himmels und der Erde.«[79]

Für den Humanismus der Renaissance war die Liebe zu Büchern prägend. Bibliotheken waren die Keimzellen des neuen Denkens und Fundgruben für Entdecker. Stephen Greenblatt hat nachgezeichnet, warum das Auffinden des letzten antiken Exemplars von Lukrez' *De rerum natura* 1417 in einem deutschen Kloster, vermutlich in Fulda, durch den Humanisten Poggio Bracciolini eine Sternstunde des lesehungrigen Humanismus darstellt. Mit dieser Schrift *Über die Natur der Dinge* – und dem in ihr vertretenen Atomismus von Demokrit und Epikur – eröffnete sich eine zum Christentum alternative, säkulare Denkweise.[80] Durch Bücher taten sich alte und neue Welten auf.

Bildung war daher zuerst Selbstbildung durch das Lesen. Auch für den Vielschreiber Erasmus. Die Barbaren sind für ihn daher nicht länger jene vermeintlich ungebildeten Fremden jenseits der Grenzen der zivilisierten Welt. Sie sind vielmehr mitten unter uns. Mehr noch: Das Barbarische ist in uns. Ausführlich hat sich Erasmus zu den Anforderungen der Kindererziehung geäußert und darf als ein früher Anwalt einer Reformpädagogik gelten, die die Zivilisierung der Heranwachsenden zu fördern suchte. Er nahm sich dabei selbst nicht aus und begriff Bildung als einen lebenslangen Prozess. Hatte Karl sich abgemüht, die Buchstaben des Alphabets zu erlernen, eignete sich Erasmus sogar die griechische Sprache an und übte sich in deren Lektüre: »Ich habe durch einen glücklichen Zufall einiges Griechische in die Hand bekommen; heimlich schreibe ich es ab bei Tag und bei Nacht«, bemerkt er in einem Brief, denn es sei doch besser, »spät zu lernen als nicht zu wissen«.[81]

Er brachte es darin zu einer Meisterschaft, die ihm einen Lehrauftrag für Griechisch an der englischen Universität Cambridge eröffnete. 1516 brachte Erasmus zusammen mit dem Baseler Buchdrucker Johannes Froben die erste Fassung des zweisprachig gedruckten, griechisch-lateinischen Neuen Testaments heraus. Noch nie war das Neue Testament in seiner Ursprache gedruckt worden. Das war eine Sensation und zugleich Beleg eines souveränen, kritischen Geistes! Denn in Kommentaren weist Erasmus auf Fehler in der bisherigen Übersetzung hin, wie es in einer Überschrift über den Anmerkungsteil der ersten Ausgabe heißt: »Die Anmerkungen von Erasmus Roterdamus zum Neuen Testament, das erstens anhand der griechischen Wahrheit oder dem Grundtext, zweitens nach dem Beleg uralter Bibelhandschriften in lateinischer Sprache, drittens nach Zitaten aus oder Kommentaren zum Neuen Testament von den zuverlässigsten Autoren sorgfältig kontrolliert wurde. In ihnen wird begründet, warum einige Passagen in der alten Fassung des Neuen Testaments geändert wurden. Was verfälscht war berichtigt Erasmus. Was unklar war, erklärt er. Was zweideutig und verwirrend war, löst er auf.«[82] Am seinerzeit bedeutendsten Text der christlichen Welt führte Erasmus vor, was kritische Textexegese – ermöglicht durch beste Sprachkenntnisse – vermag.

So theologisch herausragend und umstritten seine Bibelausgabe und speziell seine Übersetzungskorrekturen waren, Erasmus hat sich nicht auf einen elitären Bildungsbegriff beschränkt. Bildung geht uns alle an, und Erasmus hat mit diesem Gedanken ernst gemacht. Zu den erfolgreichsten seiner Bücher gehört die Zusammenstellung und Erläuterung von antiken Sprichwörtern. Die *Adagiorum Collectanea*, in erster Auflage 1500 in Paris erschienen, versammelten zunächst 818 Sprüche, die letzte zu Lebzeiten des Erasmus 1533 in Basel erschienene Ausgabe brachte es auf über viertausend Sprichwörter. Uns ist es fremd geworden, mit derartigen Kompendien zu leben. Aber machen wir uns klar, dass dieser Kanon an antiken Sprüchen bis in das 18. Jahrhundert als ein »klassisches europäisches Bildungsbuch« herangezogen worden ist.[83] Dabei ist uns nur die Darreichungsform abhandengekommen, sein Inhalt ist uns oftmals noch vertraut: »Aus einer Mücke einen Elefanten machen«, »Eine Krähe hackt der anderen kein Auge aus«, »Eine Schwalbe macht noch keinen Sommer«, »Einem geschenkten Gaul schaut man nicht ins Maul«.[84] Was Erasmus aus der Tiefe der Geschichte an lebensdienlichen Sentenzen herausgefischt hat, sollte breites Bildungsgut werden.

Und das ist ihm ja auch gelungen. Bildung geht alle an, exklusive Bildung ist ihre Perversion. Zwar hat Erasmus – anders als Dante, Petrarca und Machiavelli – die lateinische Sprache den vulgären Volkssprachen vorgezogen. Und man sollte Erasmus nicht vorschnell zu einem Wegbereiter der Gleichberechtigung machen, wie Stefan Zweig angemerkt hat: »Nicht einen Augenblick denken Erasmus und die Seinen daran, dem Volk, dem ungebildeten und unmündigen – für sie ist jeder Ungebildete ein Unmündiger – auch nur das geringste Recht einzuräumen, und obwohl sie zwar abstrakt die ganze Menschheit lieben, hüten sie sich sehr, mit dem vulgus profanum sich gemein zu machen.«[85] Der alte Adelshochmut sei nur durch einen neuen Bildungshochmut ersetzt worden. Dennoch hat Erasmus die Übersetzung der Bibel in Umgangssprachen ausdrücklich begrüßt und jede Form des klerikalen Herrschaftswissens zurückgewiesen: »Leidenschaftlich rücke ich von denen ab, die nicht wollen, daß die heiligen Schriften in die Volkssprache übertragen und auch von Laien gelesen werden«, schreibt er in seinen *Vorreden zum Neuen Testament*, und er hat dabei auch die Frauen im Blick, denn er wünsche sich, »daß alle Weiblein das Evangelium lesen«.[86] Die Ermöglichung einer schrankenlosen Partizipation an der Bildung und am Wissen ist die Aufgabe für alle Humanisten: »Wir schreiben für jedermann«, hat Erasmus betont.[87]

Bildung ist für Erasmus daher kein Privileg der Reichen. Sie beschränkt sich nicht darauf, ein Mittel zum Zweck zu sein, etwa der anspruchsvollen Herrschaftsausübung. Jeder Mensch hat sich zu bilden, das ist die ihm anvertraute Möglichkeit: »Keiner kann sich seine Eltern oder sein Vaterland aussuchen, um so mehr kann jeder selbst seinen Geist bilden und sein Benehmen formen.«[88] Das schreibt einer, der als uneheliches Kind zur Welt gekommen ist, dazu noch als Sohn eines Priesters. Auf seiner Geburt lag die Verdammnis zur Hölle, und der Makel wog so schwer, dass Erasmus in einem geheimen Schreiben Papst Leo X. um Dispens für seine illegitime Geburt bat. Die geistliche Dimension seiner Existenz hatte er nicht im Griff, als Verfasser von gelehrten Büchern aber erschuf er sich selbst durch eine beispiellose Bildungskarriere. Erasmus, der für seine Zeit als »berühmtester Autor der Welt« bezeichnet werden darf,[89] gab sich selbst den Beinamen *Desiderius*, der ›sehnlich Erwünschte‹. Der humanistische Beitrag zur Kultur seiner Zeit sollte die widrigen Umstände seiner Geburt aufwiegen. Erasmus als Autor ist ein Produkt einer Selbsterschaffung, sein Leben gleicht einem Bildungsroman.

In einem Akt ungeheurer Zuspitzung formuliert Erasmus einen Satz, der als Grundlage aller Entwicklungsanthropologien der Moderne gelten darf: »Menschen werden nicht geboren, sondern sie werden es erst durch Bildung.«[90] Mit der Geburt ist die Menschwerdung nicht abgeschlossen, sondern sie hat damit überhaupt erst begonnen. Bildung wird zu einem Medium des humanen Selbstvollzugs.

Denn sie entspreche »in höchstem Maß der Menschennatur, ein Ungebildeter verdiene nicht einmal die Bezeichnung ›Mensch‹«.[91] Ein harter Satz, dem wir aufgrund der modernen voraussetzungslosen Anerkennung der Würde eines jeden Menschen zuzustimmen nicht bereit sein werden. Doch wir sollten durch diesen berechtigten Einspruch, die Anerkennung des Menschseins nicht von einem Bildungsgrad abhängig zu machen, nicht die anvisierte Pointe verfehlen. Da für Erasmus jeder Mensch ein Geschöpf Gottes ist, steht für ihn dessen Wertigkeit nicht in Frage, sie ist nicht einmal erwähnenswert. Die Verknüpfung von Bildung und Menschsein dagegen ist provokativ und innovativ: Wenn der Mensch von Natur aus nach Wissen strebt, wie es schon Aristoteles im ersten Satz seiner *Metaphysik* ausgesprochen hat, dann wird Bildung zu einem Grundrecht, da sie ein Medium des angemessenen Selbstvollzugs ist. Einem Menschen die Möglichkeit der Bildung vorzuenthalten bedeutet, sein Menschsein zu beschädigen. In diesem Sinne mahnt Erasmus zu bedenken, »wie wenig *der* ein Mensch ist, der der geistigen Bildung entbehrt«.[92]

Bildung ermöglicht es dem Einzelnen, sich zu einer Allgemeinheit zu erheben, den Dunstkreis der engen Lebensumwelt zu übersteigen und Erfahrungen in einen geweiteten Horizont der Bedeutsamkeiten einzuordnen. Bildung fördert Unabhängigkeit, auch und gerade den eigenen Vorurteilen gegenüber. Sie schützt vor Vereinnahmung. »Ich liebe die Freiheit«, verteidigte sich Erasmus mit

Blick auf die Forderungen, sich der Lagerbildung innerhalb der Konfessionsstreitigkeiten einzufügen, »und ich will nicht und kann nicht irgendeiner Partei dienen.«[93] Sogar gegenüber Papst Leo X. behauptete er seine intellektuelle Unabhängigkeit: »Freie und edle Geister lassen sich gerne belehren, aber sie wollen nicht gezwungen werden.«[94]

Ralf Dahrendorf hat im Rückblick über ein halbes Jahrtausend hinweg in Erasmus einen frühen liberalen Intellektuellen ausgemacht, der die Bereitschaft besessen habe, »mit den Widersprüchen und Konflikten der menschlichen Welt zu leben«, dazu die »Disziplin des engagierten Beobachters, der sich nicht vereinnahmen lässt«, und die »leidenschaftliche Hingabe an die Vernunft als Instrument der Erkenntnis und des Handelns«.[95] Diese Unabhängigkeit hatte ihren Preis. Erasmus, der mit Gelehrten in ganz Europa einen brieflichen Austausch pflegte, England, Italien, Deutschland aus eigener Anschauung kannte, war willens, den Preis einer gelehrten Ortlosigkeit zu zahlen: »Ich wünsche Weltbürger zu sein, allen zu gehören, oder besser noch Nichtbürger bei allen zu sein«, schreibt er in einem Brief an Ulrich Zwingli, durch den ihm das Bürgerrecht von Zürich angeboten worden war.[96]

Stefan Zweig hat auf die trügerischen Hoffnungen des Bildungshumanismus jener Epoche hingewiesen, eines Zeitalters, in dem Erasmus berühmt geworden sei, da er der »symbolische Ausdruck seiner geheimsten geistigen Sehnsucht« war.[97] »Erasmus und die Erasmiker meinen, das Menschliche im Menschen könne nur gesteigert werden vermittels der Bildung und des Buches, denn nur der Ungebildete, nur der Unbelehrte gebe sich unbedenklich seinen Leidenschaften hin. Der gebildete Mensch, der zivilisierte Mensch – hier liegt der tragische Fehlschluss ihres Denkens – sei grober Gewalt nicht mehr fähig, und wenn die Gebildeten, die Kultivierten und Zivilisierten die Oberhand gewönnen, so müßte das Chaotische und Bestialische von selbst abklingen, Kriege und geistige Verfolgungen zum abgelegten Anachronismus werden.«[98] Zweigs Darstellung des Erasmus mit der Charakterisierung des Humanismus erschien 1934 in Wien in erster Auflage, da waren die Nationalsozialisten in Deutschland bereits ein Jahr an der Macht. Die Humanisten hätten als »Stubenidealisten« aufgrund ihres Kulturoptimismus die »Urkräfte der Triebwelt« des Massenhasses und der großen leidenschaftlichen Psychosen der Menschheit noch nie recht verstanden.[99] Der Plan der Humanisierung der Welt schien ausgeträumt.

Doch der Bildungsbegriff des Erasmus, dem die Zeitläufe jeden überschwänglichen Optimismus ausgetrieben haben, ist nicht in der Gelehrtenstube fernab der Kontroversen und Zerwürfnisse seiner Zeit entwickelt worden. Bildung als die Bekämpfung der Barbarei in uns und um uns herum ist für Erasmus ein zugleich persönlichkeitsformender, moralischer und politischer Prozess. Diese Weite eines ursprünglichen Verständnisses von Bildung gilt es zu verteidigen, da ein »Humankapitalismus«, von dem der Soziologe Aladin El-Mafaalani im Anschluss an Pierre Bourdieu spricht, Bildung heutzutage zunehmend als eine Ware und Währung begreift. Diese verkürzten Bildungsauffassungen, »die auf bestimmte Kompetenzen sowie Zertifikate abzielen, betonen insbesondere die gesellschaftliche Funktion und den gesellschaftlichen Nutzen von Bildung. In relativ kurzer Zeit hat diese verwertbare Bildung enorm an Bedeutung gewonnen und bestimmt den bildungspolitischen Diskurs zunehmend – zulasten der umfassenderen Bildungsbegriffe und -ideale.«[100]

Diese Verengung des Bildungsbegriffs ist nicht nur für den Einzelnen beschränkend, sondern auch für uns alle gefährlich. Moderne Leistungsgesellschaften kommen zwar nicht ohne die fundierte Ausbildung der in ihr Tätigen aus. Zweckorientiertes Handlungswissen kann nur derjenige gering schätzen, der sich nicht von ihm abhängig wähnt. Es gehört aber zu den nach wie vor aktuellen Einsichten des Erasmus, dass Bildung auch darauf vorbereitet, mit jenen gesellschaftlichen Verwerfungen und Dissonanzen umgehen zu können, die sich nicht zweckrational befrieden lassen. Dazu ist nach wie vor Vernunft vonnöten, und die bedarf der Einübung, kurz: der Bildung. Dennoch fehlt mitunter die Einsicht, warum Bildung eines der tragenden Fundamente des freiheitlichen Staatswesens ist. Denn Bildung ist keine reine Domäne der Pädagogik, sie ist vielmehr immer auch politisch. Sie ist eine Voraussetzung fundierter Kritik gesellschaftlicher Verhältnisse, und sie ermöglicht die individuelle und kollektive Identitätsbildung unter pluralistischen Bedingungen. Sie ist zwar kein Garant für ein gelingendes Gemeinwesen – aber gibt es ein besseres Medium der Selbstverständigung mit der eigenen Gegenwart, Geschichte und Zukunft? Bildung bedarf zwar immer auch der Eliten, also der Kenner ihres Fachs mit Spezialwissen, sie ist aber ihrem humanen Selbstanspruch nach stets sozial orientiert. Metaphorisch gesprochen ist sie kein unverrückbares Fundament, sondern eine verschieden stark sprudelnde Quelle unseres gemeinschaftlichen Lebens. Mit unserer Bildung steht alles auf dem Spiel. Georg Picht hat schon vor Jahrzehnten gewarnt: »Wenn das Bildungswesen versagt, ist die ganze Gesellschaft in ihrem Bestand bedroht.«[101]

5. Individualität und Eigensinn

Albrecht Dürer hatte mit seinem Bilderpaar *Adam und Eva* die wohl frühesten Aktgemälde nördlich der Alpen präsentiert. Das erste Menschenpaar trat dem Betrachter nahezu unverhüllt entgegen. Als Michel de Montaigne sich 1571 in den Bibliotheksturm seines Schlosses bei Bordeaux zurückzog, um mit der Niederschrift seiner *Essais* zu beginnen, trat auch er in ihnen nackt hervor. »Meine einzige Absicht ist es, mich als den zu enthüllen, der ich bin«, offenbart er dem Leser und mutet sich ihm damit zu.[102]

Bereits dem Titel von Montaignes voluminösem Hauptwerk, den *Essais*, ist die Vorläufigkeit und Verlegenheit eingeschrieben. Versuche werden hier vorgelegt, »bunt durcheinander« davon handelnd, »was mir just in den Sinn kommt«.[103] Sie bieten nichts Abschließendes oder Endgültiges. Die über vier Jahrhunderte, die zwischen der Abfassung der *Essais* und uns liegen, haben die Ungeheuerlichkeit dieses Werkes nicht verblassen lassen. In den *Essais* hat Montaigne ausschließlich sich selbst mit all seinen Gedanken, Meinungen, Erfahrungen und Widersprüchlichkeiten zum Thema gemacht. Nun ist das Selbstportrait seit der Malerei der Renaissance ein geläufiges Mittel der Selbstdarstellung. Aber was Montaigne in seinen *Essais* unternimmt, ist eine Rücksichtslosigkeit gegenüber dem Leser, beschreibt er sich doch mit all seinen Schwächen, Launen und Gebrechen: »Die anderen bilden den Menschen, ich bilde ihn ab; und ich stelle hier einen einzelnen vor, der recht mangelhaft gebildet ist und den ich, wenn ich ihn neu zu formen hätte, gewiß weitgehend anders machen würde. Doch nun ist er halt so.«[104]

Montaigne, der zwei Mal zum Bürgermeister von Bordeaux gewählt wurde und mit einem öffentlichen Amt vertraut war, humanistisch gebildet, Herr über eine Bibliothek von Klassikern, die zu zitieren er nicht müde wird – ausgerechnet er präsentiert sich als einen Durchschnittsmenschen. »Es gibt keinen vernünftigen Grund«, warnt er seinen Leser, »daß du deine Muße auf einen so unbedeutenden, so nichtigen Gegenstand verwendest.«[105] Damit nicht genug: Was Montaigne vorlegt, sind, »wenn auch etwas dezenter dargeboten, die Exkremente eines vergreisten Geistes: mal hart, mal weich, und stets unverdaut.«[106] Zeigten die ersten Renaissance-Portraits der Malerei stolze, ausdrucksstarke Persönlichkeiten im besten Licht ihrer strahlenden Charaktereigenschaften, will sich Montaigne ungeschönt präsentieren: »Meine Fehler habe ich frank und frei aufgezeichnet, wie auch meine ungezwungene Lebensführung, soweit die Rücksicht auf die öffentliche Moral mir dies erlaubte.«[107] Er bietet ein Selbstportrait, das, wenn er Maler wäre, ihn »kahlköpfig und ergraut dargestellt hätte, nicht mit makellosem, sondern meinem wahren Gesicht; und auf gleiche Weise gebe ich meine Gefühle und Meinungen hier so wieder, wie ich sie zu haben glaube, nicht wie man sie zu glauben hat«, und das alles als Momentaufnahme, da er doch »vielleicht morgen schon ein anderer sein werde, wenn neue Erfahrungen mir zur Lehre gedient und mich verändert haben«.[108]

Die *Essais* waren daher ein *work in progress*: 1580 erschienen die beiden ersten Bücher im Druck, zwei Jahre später folgte eine überarbeitete und ergänzte Fassung, 1587 lag die dritte, leicht veränderte Ausgabe vor, ein Jahr später die um ein drittes Buch ergänzte Auflage, für die Montaigne aber auch an den ersten beiden Büchern mehr als sechshundert Ergänzungen vornahm, die mehr als ein Achtel des ursprünglichen Textes ausmachen.[109] Bis zu seinem Tod, am 13. September 1592, überarbeitete Montaigne die vierte Ausgabe mit zahlreichen Änderungen und Ergänzungen. Dieses Handexemplar ist als *Exemplaire de Bordeaux* überliefert und belegt die Kontinuität des Weiterschreibens. Montaignes Selbstdarstellung gleicht einem wachsenden Organismus. Dabei unterwarf er sich keiner rückblickenden Selbstzensur: »Ich füge hinzu, doch ich korrigiere nicht.«[110] Schwankungen und Widersprüche des seit 1572 entstehenden Selbstportraits wurden nicht zugunsten von Stringenz und Kontinuität getilgt. Die *Essais* als ein Buch über das Leben sind gleichsam ein lebendiges Buch.

Weder sucht Montaigne darin zu definieren, was er unter Menschsein versteht, noch legt er einen wissenschaftlichen Traktat vor. »Ich schildere nicht das Sein, ich schildere das Unterwegssein: weniger von einem Lebensalter zum andern … als von Tag zu Tag, von Minute zu Minute.«[111] Als frühe literarische Gestalt eines ›Bewusstseinsstromes‹ – wie Virginia Woolf und James Joyce ihn perfektioniert haben – sind Montaignes Selbstbeschreibungen eben oftmals assoziativ mäandernde ›Essais‹, ›Versuche‹, die so fluide sind wie er selbst.[112] Montaigne hat daher das Französisch gewählt, nicht das Latein, da es sich um eine sich fortwährend wandelnde Sprache handele: »Wäre sein Stoff dauerhaft, hätte ich ihn in einer dauerhafteren Sprache als dem Französischen anvertraun müssen.«[113]

Es ist erstaunlich, was der Leser der *Essais* alles über seinen Autor erfährt. Montaigne schildert sich mit einem schonungslosen, uneitlen, auch immer zur Selbstironie neigenden Blick. Er sei »langsam und schwer von Begriff«,[114] es gebe keine Seele, »die derart ungeschickt und unwissend in soundso vielen ganz gewöhnlichen Dingen wäre, in denen unwissend zu sein eine Schmach ist«.[115] Er habe, gesteht Montaigne, »eine Jedermannsseele«.[116] Dabei fehle ihm jede Beständigkeit und Einheit im Handeln, denn er sei »keusch und geil, schwatzhaft und schweigsam, zupackend und zimperlich, gescheit und dumm, mürrisch und leutselig, verlogen und wahrheitsliebend, gebildet und ungebildet, freigebig und geizig und verschwenderisch – von allem sehe ich etwas in mir, je nachdem, wie ich mich drehe«.[117] Jede Geschicklichkeit gehe ihm ab: »Meine Hand ist derart ungelenk, daß ich meine Schrift selber kaum lesen kann und das, was ich hingekritzelt habe, lieber neu aufsetze, als mir die Mühe seiner Entzifferung zu machen. Mit meinem Vorlesen steht es auch kaum besser – ich merke, wie ich den Zuhörern zur Last falle. Und so einer will gebildet sein!«[118] Zwar habe er einen »durchaus klaren und sichren Blick«, sobald es aber ans Werk geht, verwirre er sich.[119] Seine Handlungen seien daher – wie bei uns allen – »nichts als zusammengestückte Widersprüche«.[120] Wir alle bestünden aus »buntscheckigen Fetzen, die so locker und lose aneinanderhängen, daß jeder von ihnen jeden Augenblick flattert, wie er will«.[121] Eine Persönlichkeit ist für Montaigne nicht länger die Verwirklichung einer erhabenen Idee des Menschseins, vielmehr wird unser »ganzes Sein vom Kitt krankhafter Eigenschaften zusammengehalten«.[122]

Montaigne belässt es nicht bei dem Nachzeichnen seines Charakters, sondern er rückt dem Leser mit seiner ganzen Leiblichkeit auf die Pelle, habe doch der eigene Körper »einen erheblichen Anteil an unserm Sein«, sodass es recht und billig sei, »seinem Bau und seiner Gliederung Beachtung zu schenken«.[123] Im Übrigen sei sein »Wuchs kräftig und gedrungen«, gibt er seinem Leser Auskunft, »das Gesicht nicht feist, aber voll, die Gemütsart zwischen Fröhlichkeit und Schwermut angesiedelt«.[124] Er habe eine starke Behaarung auf der Brust

und an den Beinen, »voll Borsten wie ein Stachel-
schwein«.[125] Schlussendlich: »… meine körperlichen
Eigenschaften stimmen weitgehend mit den seeli-
schen überein: Beide haben nichts Schwungvolles,
sondern sind lediglich voll gesammelter Kraft.«[126]

Das alles schreibt einer, der ungemein belesen
ist, der sich auf der öffentlichen Bühne sicher zu bewegen weiß, dessen Scharfsinn uns als Schule dienen kann und dessen literarischer Stil funkelt und
glänzt. Aber das, darauf kann Montaigne vertrauen,
erkennt der Leser ohnehin. Die Aufzählungen all
der Schwächen und Mittelmäßigkeiten eines Lebens
»ohne Glanz und Gloria«[127] haben einen programmatischen Charakter. Sie laufen auf den humanistischen Wert der Unverschämtheit zu.

Unverschämtheit ist hier nicht als respektlose,
unmoralische, unverfrorene Dreistigkeit zu verstehen, die uns im Alltag sprachlos macht. Gemeint
ist vielmehr die Einwilligung, der zu sein, der man
ist, ohne sich dafür zu schämen. Unverschämtheit,
Schamlosigkeit im Sinne Montaignes, meint die Bereitschaft, sich selbst in seinem Menschsein ansich-
tig zu machen, »rundum unverhüllt« und »rundum
nackt«[128] – zunächst für sich selbst, im »Hinterstüb-
chen« (*arrière-boutique*)[129] einer Abgeschiedenheit,
wie Montaigne sie gesucht und in seinem Bibliotheksturm gefunden hat, dann auch für andere.
Die *Essais* sind von Beginn an auf dieses Gegenüber
hin entworfen worden: Die tiefe Freundschaft zu
Étienne de La Boétie, der sich des wahren Bildes von
Montaigne als einziger erfreut habe, ist nach dessen

frühem Tod der Anlass für Montaigne, sich selbst in den *Essais* so aufmerksam zu entschlüsseln.[130]

Ohne Scham berichtet Montaigne daher in den *Essais* von den ihn plagenden Nierenkoliken und behandelt Fragen der Verdauung. Seine erotischen Vorlieben und sexuellen Probleme bleiben nicht außen vor. Alles Themen, die bislang keiner Erwähnung in einem humanistischen Buch wert gewesen sind. Hatte die Religion die Einheit des Menschengeschlechts mit der erhabenen Herkunft aller Kreaturen aus der Schöpferhand Gottes begründet und die antike, bis in die Neuzeit nachstrahlende Metaphysik die Vernunft zum universalitätsstiftenden Moment erhoben, findet Montaigne die Vergleichbarkeit und Gleichwertigkeit aller Menschen in ihrer Natürlichkeit begründet, von der es sich daher nicht schamhaft abzuwenden gelte: »Sowohl die Könige wie die Philosophen scheißen, und die Damen auch.«[131] Montaigne bleibt in seinen *Essais* über sich und die Welt seiner Erfahrungen »stets der Erde verhaftet«.[132]

Dieser Tugend der Unverschämtheit sich selbst und anderen gegenüber kommt gleich eine zweifache Bedeutung zu. Zum einen liegt in ihr für Montaigne die Wurzel der eigenen Freiheit, »denn diese neue Tugend der Tarnung und Täuschung, die heute so hoch in Ehren steht, ist mir auf den Tod verhaßt: Unter allen Lastern finde ich keins, das von einer derartigen Feigheit und Niedrigkeit des Herzens zeugte. Es verrät doch in der Tat eine erbärmlich knechtische Gesinnung, sich zu verstellen und unter einer Maske zu verbergen, nur weil man nicht den Mut aufbringt, sein Gesicht freiheraus zu zeigen.«[133] Wer sich als jemand anderes geben will, als er ist, bleibt Gefangener des von ihm erzeugten Scheins.

Zum anderen ist die Unverschämtheit für Montaigne eine Bedingung der Möglichkeit seiner deskriptiven Anthropologie. Denn dieser Selbstbeschreibung, die der prahlerischen Souveränität der anthropologischen Definitionen widerspricht und auf vermeintlich sicheres Wissen mit einer Beweglichkeit des *esprit* reagiert, dieser quecksilbrigen Selbstauskunft Montaignes liegt eine anthropologische Annahme zugrunde, die wie ein Wasserzeichen alle Ausführungen der *Essais* in ihrer Einheit ausweist: *chaque homme porte la forme entière de l'humaine condition.*[134] Das ist nicht leicht zu übersetzen.

Hans Stilett, der Übersetzer der *Essais*, hat in seinem Kommentarband *Von der Lust, auf dieser Erde zu leben. Wanderungen durch Montaignes Welten* allein sechzehn verschiedene Übertragungsversuche anderer aufgeführt.[135] Johann Daniel Tietz hat die Formel im 18. Jahrhundert eingedeutscht: »Jeder Mensch hat das ganze Wesen eines Menschen.« Und Hanno Helbling 1993: »Jeder Mensch trägt in sich die ganze menschliche Beschaffenheit.« Stilett selbst schlägt folgende Übertragung vor: »Jeder Mensch trägt die ganze Gestalt des Menschseins in sich.«[136]

Von hier aus wird Montaignes Egomanie, auf Hunderten von Seiten nur von sich zu sprechen, als ein neuer Humanismus lesbar. Wer sich selbst unverstellt, ungeschönt, ungekünstelt zu beschreiben vermag, in seiner kontingenten Leiblichkeit ebenso wie in seinem beschränkten Geistesvermögen und den eigenen Lebens- und Welterfahrungen, der beschreibt nie nur sich selbst, sondern immer auch den Menschen, dessen Gestalt er in sich trägt. Für Hochleistungstheoretiker und Abstraktionsakrobaten mag dieser Ertrag gering erscheinen. Und doch nimmt der universale Humanismus durch ihn eine konkrete Gestalt an.

Montaigne fordert jeden von uns auf, so zu sein, wie wir sind, und nicht der schönere, klügere, begabtere Andere sein zu wollen. Dadurch entgehe man der Selbstentfremdung: »Die Menschen geben sich in Miete«, wirft er ihnen vor, ihre »Selbstaufgabe« anklagend. »Ihre Kräfte gehören nicht mehr ihnen, sondern denen, zu deren Sklaven sie sich machen: Nun sind ihre Vermieter bei ihnen zu Hause, nicht sie.«[137] Montaigne dagegen will sich selbst gehören. Damit wird ein Leben in Aussicht gestellt, das sich in der spekulativen Zustimmung zur eigenen Wiederholung beglaubigt. Was Nietzsche als das »grösste Schwergewicht« bezeichnen wird, den Gedanken einer ewigen Wiederkehr des eigenen Lebens,[138] könnte Montaigne nicht schrecken: »Wenn ich noch einmal zu leben hätte, würde ich wieder leben, wie ich gelebt habe.«[139]

Die *Essais* sind somit eine zutiefst menschliche Einweisung in ein eigensinniges Leben, nicht in das gelehrte Wissen: »Ich möchte lieber mich selbst recht verstehen als den Cicero.«[140] Die Menschenkenntnis wird auf praktische Füße gestellt. Ziel ist in allem das Leben, nichts anderes. Stellvertretend für die gesamten *Essais* handelt der Abschnitt »Über die Knabenerziehung« von dem Versuch, den Zögling lieber zu einem »lebenstüchtigen denn zu einem gelehrten Mann« zu machen.[141] »Recht zu leben – das sollte unser großes und leuchtendes Meisterwerk sein! Alle andern Dinge wie Herrschen, Horten und Häuserbau sind höchstenfalls Anhängsel und Beiwerk.«[142]

Die *Essais* stellen daher ein Entgrenzungsprojekt dar: »Wir sind alle in uns selbst eingezwängt und hineingekrümmt, und unser Blick reicht nicht weiter als bis zur Nasenspitze«,[143] die weite Welt sei uns daher »der Spiegel, in den wir schauen müssen, um uns aus dem rechten Blickwinkel zu sehn«.[144]

Die anthropologische Grundannahme, jeder Mensch trage die Gestalt des Menschseins in sich, ist um eine komplementäre Annahme zu ergänzen. Denn neben der Egalität aller Menschen, die sich in dieser Formel ausdrückt, hat Montaigne zugleich die unaufhebbare Verschiedenheit aller betont. In dem Essay »Apologie für Raymond Sebond« bestreitet Montaigne eine durch Naturgesetze verbürgte Homogenität des Menschengeschlechts zugunsten einer humanen Vielfalt. »Recht lustig« werde es, »wenn die Philosophen einigen Gesetzen Zuverlässigkeit verleihen wollen, indem sie diese für feststehend, immerwährend und unveränderlich erklären; und da sie dem Menschengeschlecht von seiner ureigenen Natur eingepflanzt worden seien, erhalten sie von ihnen den Namen *Naturgesetze*. Deren Zahl gibt der eine mit drei an, der andre mit vier; der eine kommt auf mehr, der andre auf weniger – an sich schon ein Beweis, daß diese Kennzeichnung ebenso zweifelhaft ist wie die übrigen.«[145] Der Mensch ist im Wandel und nur im Plural denkbar. Das letzte Wort des zweiten Buches der *Essais* – womit die erste veröffentlichte Ausgabe von 1580 endet – lautet *diversité*: »In nichts ist sich alles gleicher als in der Ungleichheit.«[146]

Montaignes *Essais* sind daher bei weitem mehr als ein Steinbruch für Lebensweisheiten. Sie dokumentieren vielmehr ein Denken, »dessen radikale Intention die abendländische Philosophie häufig verkannt hat«, wie Claude Lévi-Strauss hervorhebt.[147] Zur »Kühnheit dieses Denkens«[148] gehöre auch das Erproben eines Kulturrelativismus, der »die Differenzen wie die Ähnlichkeiten« herausarbeitet, indem er »Identität und Widerspruch auf dieselbe Ebene« stellt.[149] Leonard Woolf machte in Montaigne einen Pionier eines neuen humanen Selbstbewusstseins aus: »Montaigne war der erste ganz und gar moderne Mensch mit einem starken Bewusstsein und leidenschaftlichen Interesse für die Individualität seiner selbst und aller anderen Menschen«.[150] Die Wertschätzung des Eigensinns und der Einzigartigkeit wird sich – allen autoritären Gleichschaltungen zum Trotz – in der Moderne nicht mehr verlieren. Die individuelle Signatur des Menschseins geht so weit, dass Sigmund Freud von einem »persönlichen Unbewussten« ausgegangen

ist und seine Psychoanalyse daher als die »erste große Theorie und Praxis des ›persönlichen Lebens‹«
resümiert werden kann.[151] Und die quecksilbrige
Vielgestaltigkeit der Personalität, die Montaigne unverstellt und ohne Angst vor Widersprüchlichkeiten
abgebildet hat, spiegelt sich in Walt Whitmans fina-
lem Motto auf die selbstgestellte Frage: »Do I contradict myself? / Very well then I contradict myself, /
(I am large, I contain multitudes.)«[152]

In jedem Menschen die Gestalt des Menschseins
erfassen zu wollen, erfordert die Bereitschaft, auch
im Fremden das Humane zu erkennen. Die anthropologische Tugend, den Menschen als das wahrzu-
nehmen, was er ist – und ihn nicht in das Schema
pressen zu wollen, was er sein soll –, erweist sich als
eine Freundschaft mit dem Menschen. Eine Freundschaft nicht mit der abstrakten, metaphysisch fun-
dierten oder religiös inspirierten Idee des Menschen, sondern mit dem Menschen in seiner ganz
konkreten und doch universalen Gestalt.

Waren dem christlichen Mittelalter die Obses-
sionen, die Wankelmütigkeit, die Durchtriebenheit
und die Willensschwäche des Menschen allein Beleg seiner Sündhaftigkeit und seiner nachparadiesi-
schen Gefallenheit, erhob der Renaissance-Humanismus – neuplatonisch gestimmt – den Menschen
in die Höhen eines zweiten Gottes. Von beidem hält
sich Montaigne fern. Er will den Menschen sein lassen, was er ist. Was wie ein Herunterstimmen des
humanen Anspruchs an sich selbst erscheinen mag,
ist doch vielmehr die Begründung einer ideologie-

freien Toleranz. »Das Denken hat zahlreiche Formen«, schreibt Montaigne, »die Erfahrung aber hat deren nicht weniger.«[153] Damit setzt ein Perspektivenpluralismus ein, der zur Quelle eines modernen Humanismus geworden ist. Seiner an Fanatismen und dogmatischen Verhärtungen nicht armen Zeit setzt Montaigne die Variabilität unserer möglichen Standpunkte entgegen. »Noch nie haben zwei Menschen die gleiche Sache gleich beurteilt, und es ist unmöglich, zwei völlig übereinstimmende Meinungen zu finden – nicht nur bei verschiedenen Menschen, sondern ebenso bei ein und demselben zu verschiednen Stunden.«[154] Ein moderater Skeptizismus wird daher zum Heilmittel gegen Dogmatismen aller Art. »Was weiß ich?« – *Que sçay-je?* – lautet Montaignes Wahlspruch.[155]

In Angelegenheiten der Religion hat sich Montaigne aufgrund seines humanen Skeptizismus als ein »christlicher Heide«[156] verhalten – so die treffende Formulierung Hans Stiletts. Er könne im Notfall, so gibt Montaigne zu, »ohne Bedenken dem heiligen Michael eine Kerze darbringen und eine zweite seinem Drachen«.[157] Das sagt sich nicht leicht, wenn man wie Montaigne den Religionsterror der Bartholomäusnacht vom 23. auf den 24. August 1572 in Erinnerung hat, in deren Folge Tausende von Hugenotten in Frankreich ermordet worden sind. Die Wahrung einer unideologischen, undogmatischen und somit fluiden Menschlichkeit im Gegensatz zur entfesselten Gewalt verleiht Montaignes tolerantem Humanismus sein Profil.

Dabei bleibt sein Humanismus nicht auf den Menschen begrenzt. Montaigne hat von »einer gewissen Achtung und allgemein menschlichen Haltung« (*un certain respect … et un general devoir d'humanité*) gesprochen, die sich nicht auf Menschen beschränken, sondern auch Tiere, Bäume und Pflanzen einschließen. »Den Menschen«, fährt er fort, »schulden wir Gerechtigkeit, aller anderen Kreatur jedoch, die dafür empfänglich ist, Freundlichkeit und Wohlwollen. Es bestehen mancherlei Beziehungen zwischen ihnen und uns, und mancherlei wechselseitige Verbindlichkeiten.«[158] Montaignes Humanismus war erfüllt von einer Liebe zum Leben und zur Welt. Wer in der Tradition des Humanismus nichts als die Charaktermaske eines rücksichtslosen Anthropozentrismus erkennt, sollte Montaigne lesen, um eines Besseren belehrt zu werden.

6. Selbstbestimmung durch Vernunft

Kaum ein anderer Begriff fasst unser modernes Selbstverständnis besser zusammen als der Begriff der ›Selbstbestimmung‹. Wer wollte heute noch ungefragt verheiratet werden oder einen Beruf zugewiesen bekommen? Der Anspruch auf das Recht einer selbstgewählten Lebensform – in wechselnden Partnerschaften bei einer Freiheit zur selbstempfundenen geschlechtlichen Identität, mit oder ohne Kinder – ist uns so selbstverständlich geworden, dass Einschränkungen mit Empörung quittiert werden. Selbst unser Sterben soll in unserer Hand liegen, wenn es darum geht, das Ende nach eigenen Vorstellungen würdevoll zu gestalten.

Dabei ist der Begriff der Selbstbestimmung weniger selbstverständlich, als man angesichts seines übermäßigen Gebrauchs meinen mag. Denn was genau soll es heißen, wir könnten uns selbst bestimmen, wo wir doch in vielfacher Hinsicht ungefragt vorentschieden sind: Wir haben uns nicht dazu entschlossen, geboren zu werden; unseren Leib und sein biologisches Geschlecht haben wir nicht gewählt. Die Eltern konnten wir uns so wenig aussuchen wie den Namen, den wir tragen. Weder die Zeit, in der wir leben, noch der Ort, an dem wir zur

Welt gekommen sind, ist Ausdruck unseres Willens. Was wir unsere Identität nennen, ist die Summe der aktiven Bewältigung von Wirklichkeitserfahrungen, die uns zu einem guten Teil widerfahren sind, ohne von uns gesucht worden zu sein. Mögen über lange Zeit der Raum und die mit ihm verbundene lokale Kultur die unmittelbare Prägewirkung auf den einzelnen Menschen gehabt haben, wird die Zeitspanne unseres Lebens in einer dynamisierten Geschichte immer entscheidender. Schon Goethe hat darauf reflektiert, die Zeitgeschichte, in die man eingelassen ist, bestimme und bilde einen dergestalt, »daß man wohl sagen kann, ein Jeder, nur zehn Jahre früher oder später geboren, dürfte, was seine eigene Bildung und die Wirkung nach außen betrifft, ein ganz anderer geworden sein«.[159] Die Fremdbestimmung durch erlittene Lebensumstände, mögen sie glücklich oder beschwerlich sein, ist die Grunderfahrung des Lebens.

Und doch hat die neuere Philosophie den Begriff der Selbstbestimmung ausgebildet. Kant hat ihn in der *Grundlegung zur Metaphysik der Sitten* eher beiläufig zur Verfügung gestellt. Der Wille wird von ihm als ein Vermögen gedacht, »der Vorstellung gewisser Gesetze gemäß sich selbst zum Handeln zu bestimmen«. Ein solches Vermögen könne nur in vernünftigen Wesen angetroffen werden. Dabei sei das, »was dem Willen zum objektiven Grunde seiner Selbstbestimmung dient, der Zweck«.[160] Der Mensch, heißt das, und nur der Mensch, kann sich selbst ausdrücklich einen eigenen Zweck, ein

Ziel seines Handelns, setzen. Auch das ist weniger selbstverständlich, als es uns heute erscheint. Welches Selbstbestimmungsrecht etwa sollte ein mittelalterlicher Mensch vor dem Horizont seines christlichen Weltbildes haben, das die Ziele des Handelns in seiner Sündigkeit oder sittlichen Angemessenheit vordefinierte? Und aus welcher Kraft sollte er dazu fähig sein, wenn doch die Verdorbenheit der Sünde seit Adams Fehltritt im Paradies an der Handlungsfähigkeit des Menschen nagt? Zwischen Augustinus und Pelagius tobte auf der Wende vom 4. zum 5. Jahrhundert ein heftiger Streit darum, ob der Mensch überhaupt dazu fähig ist, ohne die hilfreiche Gnade Gottes gut zu handeln. Der Bischof von Hippo witterte eine übertriebene Eigenmächtigkeit, während Pelagius das Sollen mit einem Können aus eigener Kraft zu verbinden suchte.

Mag dieser Streit auch einer fernen Vergangenheit angehören, fand er doch sein Echo im unmittelbaren Umfeld von Kant und somit in der Zeit der Aufklärung. In Greifswald erschien 1748 eine kleine Schrift, die in der Folgezeit etliche Auflagen und Nachdrucke erlebte. Auch Kant hat sie gelesen. Sie stammt von Johann Joachim Spalding und trägt den Titel *Die Bestimmung des Menschen*. Man muss um die christliche Infragestellung der autonomen Handlungsfähigkeit des Menschen wissen, um in Spaldings tastenden Formulierungen den Geist einer neuen Zeit ausmachen zu können. So spricht er sich gegen eine »schädliche Demuth« des Menschen aus, die Folge eines mangelhaften Zutrauens zu den

eigenen Fähigkeiten sei: »Ein aufmerksames Nachdenken über das, was in mir selbst geschieht, sagt
mir etwas anders. Ich bin mir bewußt, daß ich, in
dieser Art, Etwas kann, wenn ich will; und ernstliche
Versuche beweisen es mir durch die angenehmsten
Erfolge. Ich darf also, mit aller Sicherheit und unter
unfehlbarer Beystimmung meiner Vernunft, froh
seyn, daß ich mich mit diesem edlen Vermögen der
Freyheit und Thätigkeit meines Willens ausgestattet
finde.«[161]

Die sich hier abzeichnende Selbstbestimmung
als die Fähigkeit, aus eigener Kraft dem freien Willen Taten folgen zu lassen, die der Zustimmung
durch die Vernunft fähig sind, macht im Kern das
humanistische Vertrauen zur eigenen Sittlichkeit
aus. Nicht mehr der Teufel, der uns reitet, und keine
Dämonen, die uns versuchen, aber auch kein Gott
und keine Götter, die im Verborgenen unser Leben
lenken, sind die Ursachen unserer Handlungen.
Der Mensch ist autonom und somit verantwortlich
für das, was er tut. Jahrzehnte der modernen psycho-
sozialen Forschung haben die Einflussfaktoren einer Fremdbestimmung wieder anwachsen lassen,
so sehr, dass die Mündigkeit des Subjekts infrage
gestellt wird. Mit guten Gründen wird bei Straftat-
ten nach der Schuldfähigkeit gefragt, und bei Einschränkungen der Handlungsfähigkeit werden mil-
dernde Umstände geltend gemacht. Das sich selbst
bestimmende Individuum mag es im alltäglichen
Getriebe überhaupt nur als Grenzwert geben. Doch
unser Selbstverständnis als handelnde Personen

kommt nicht ohne das Ideal aus, zurechnungsfähig handeln zu können. Wer eine Ehe eingeht, einen Kaufvertrag unterzeichnet, ein Versprechen gibt, der fordert für sich und von den anderen ein, als eine entscheidungsmächtige Person anerkannt zu werden.

Daher bekommen wir auch von nichts und niemandem abgenommen, die moralische Qualität unserer Lebensführung verantworten zu müssen. Der Mensch ist der sittliche Erschaffer seiner selbst. In den Worten Kants: »Was der Mensch im moralischen Sinne ist, oder werden soll, gut oder böse, dazu muß er *sich selbst* machen oder gemacht haben.«[162] Selbstbestimmung ist für Kant eben nicht grenzenlose Freiheit, sondern Freiheit zur moralischen Selbstbegrenzung. Als vernünftige Selbstgesetzgeber können wir in jene Normen einwilligen, die uns beschränken und uns ein Sollen auferlegen. Die Selbstbestimmung dient also der freien Anerkennung der sittlichen Pflichten. Es ist die Sittlichkeit der praktischen Vernunft selbst, die hier zwischen Autonomie und Pflicht keinen Widerspruch entstehen lässt und erkennbar macht, was gut und was böse ist.

Die Selbstbestimmung ist daher nicht beliebig. Es ist die Aufgabe der praktischen Vernunft, die Motive unseres Handelns daraufhin zu befragen, ob ihnen Gründe entsprechen, die wir als gut anerkennen können. Diese Rechtfertigung unseres Handelns vor uns selbst ist kein moderner Anspruch. Schon Sokrates hat die Athener dazu ermahnt, für nichts so sehr Sorge zu tragen wie für ihre Seele, und das war für ihn gleichbedeutend mit dem Streben nach Wahrheit durch Vernunft. Antike Selbsterkenntnis und -beherrschung lassen die moderne Selbstbestimmung als ein abendländisches Motiv erscheinen, das in der Neuzeit lediglich einen neuen Ausdruck erfahren hat. So kann Volker Gerhardt der alten Formel vom Menschen als dem *animal rationale* auch treffend und ohne Patina der Historizität eine neue Übersetzung an die Seite stellen: »Der Mensch ist das Tier, das seine Gründe hat.«[163] Gute Gründe aber sind in einem gewissen Sinne eigenmächtig, denn die Einsicht in sie verlangt nach ihrer Befolgung. Nicht allein das Gute zu tun, sondern das Gute auch aus guten Gründen zu tun, ist daher die Beglaubigung der Selbstbestimmung unseres Handelns durch Vernunft.

Unverkennbar ist die moralische Selbstbestimmung eingelassen in eine humanistische Entwicklungsanthropologie. »Er konstituieret sich selbst«,[164] heißt es in Herders *Briefen zur Beförderung der Humanität* über den Menschen, und Hegel spricht vom »Trieb der *Perfektibilität*«, dem wir unterliegen.[165] Für den Humanismus der Aufklärung steht es uns eben nicht frei, ob wir uns zu versittlichen bereit sind oder nicht.

Im Zentrum der Sittlichkeit steht die Anerkennung der Würde der anderen. »Handle so, daß du die Menschheit, sowohl in deiner Person, als in der Person eines jeden andern, jederzeit zugleich als Zweck, niemals bloß als Mittel brauchest.«[166] So lautet Kants berühmte Selbstzweckformel als einer der Ausformulierungen seines Kategorischen Imperativs. Der Mensch ist für Kant keine Sache und somit nichts, das strategisch bloß als Mittel gebraucht werden darf, um ein Ziel zu erreichen. Vielmehr ist jede Person als ein Wert aus sich selbst heraus, als ein Zweck an sich, zu achten. Zwar sind für uns im alltäglichen Leben immer wieder Personen Mittel, um einen Zweck zu erreichen – die Bäckersfrau, die uns die Brötchen verkauft –, aber wir dürfen niemals die andere Person *bloß* als Mittel zum Zweck benutzen, ohne sie zugleich als Person wertzuschätzen.

Darüber hinaus enthält der Imperativ eine bemerkenswerte Option: Wir können und sollen so handeln, dass wir die Menschheit in unserer Person aufrufen. Nur der Mensch verfügt über die Möglichkeit, sich als Individuum zu überschreiten und stellvertretend für das Menschengeschlecht zu handeln. Volker Gerhardt hat zu Recht auf die Differenz der ansonsten nahezu deckungsgleichen Begriffe der griechischen *philanthropia*, der Menschenliebe, und der lateinischen *humanitas* hingewiesen. Schon die Philanthropie übersteigt bei Kant den Radius der Neigung zur Freundlichkeit gegenüber anderen aufgrund persönlicher Verbundenheit. »Die Maxime des Wohlwollens (die praktische Menschenliebe) ist aller Menschen Pflicht gegen einander; man mag diese nun liebenswürdig finden oder nicht«, ermahnt Kant.[167] Schon der Philanthropie ist somit ein universalisierter Imperativ eingeschrieben. Die Idee der Humanität setzt darüber hinaus die Menschheit bei jeder einzelnen Person in ihrer Allgemeinheit voraus, sodass wir im anderen und in uns selbst über die konkrete Individualität hinaus die Menschheit mit erblicken. Die Menschheit in sich selbst aufzurufen bedeutet nach Gerhardt, die eigene Individualität als ein Beispiel für die idealisierte Form der Gattung auszubilden.[168] In einem Gedankenspiel wäre ein einziger Überebender einer planetarischen Katastrophe denkbar, dem kein Gegenüber mehr die Möglichkeit zur Philanthropie böte, der aber im Bewusstsein, letzter Repräsentant seiner Gattung zu sein, sich menschlich verhalten könnte. Andersherum gewendet ist nur der Mensch fähig, sich zutiefst für sein Verhalten zu schämen. Noch im schmerzlichen Versagen und in dem Wunsch, im Erdboden zu versinken, beglaubigt sich sein Bewusstsein von dem Anspruch, Mensch sein zu sollen.

Die Fragwürdigkeit dieser Konzeption einer Sonderstellung des Menschen durch den Aufklärungshumanismus scheint offenbar zu sein. Ein Primat der humanen Vernunft macht den Eigenwert von Tieren prekär, die zwar nicht über einen vergleichbaren Umfang an Bewusstseinsleistungen verfügen, aber oftmals eine praktische Intelligenz aufweisen und schmerzempfindlich sind, sich daher von leblosen Dingen klar unterscheiden. Markus Gabriel hat daher die Vorstellung infrage gestellt, »irgendein Lebewesen sei *nur* ein Tier, also ein instinktgesteuertes Naturgeschehen, das ausschließlich am eigenen Überleben oder dem Überleben seiner Art-genossen interessiert sei«. Allerdings sei auch der Mensch »keineswegs *nur* ein Tier«, denn er sei auf »schier unendlich viele Weisen von den anderen Lebewesen verschieden«.[169]

Darüber hinaus ist der Optimismus verblasst, durch den individuellen Vernunftgebrauch das moralisch Gebotene mit verpflichtender Eindeutigkeit zu erkennen. Jürgen Habermas hat daher das Verfahren Kants einer notwendigen Pluralisierung unterzogen: In einem freien Diskurs sollen alle von einer normativen Festlegung Betroffenen ihre rationalen Argumente austauschen können, um gemeinsam zu bestimmen, was normativ zu gelten hat. Die Einsicht hat dabei dem zwanglosen Zwang des besseren Argumentes zu folgen. Charles Taylor ist die Selbstbestimmung als vernünftige Ausrichtung unseres handlungswirksamen Willens überhaupt zu eng gefasst. Er hat sich auf die Suche begeben nach »Moralquellen *außerhalb* des Subjekts durch Sprachen, die im *Inneren* des Subjekts Resonanz finden«. Ihm geht es um das »Begreifen einer Ordnung, die unabtrennbar mit dem Index einer persönlichen Sichtweise versehen ist«.[170] Auf diese Weise sucht er zwischen einem verhängnisvollen Subjektivismus auf der einen und einem so nicht mehr gegebenen Objektivismus einer Werteordnung auf der anderen Seite zu vermitteln.

Damit ist angedeutet, dass der europäische Aufklärungshumanismus klassischer Prägung nicht der Sittlichkeit letzter Schluss sein muss und kann.

Wenn aber erst einmal die Einsicht gewonnen ist, »daß Gerechtigkeit und individuelle Selbstbestimmung zirkulär aufeinander verweisen, muß jeder Rückgriff auf ältere, vormoderne Legitimationsquellen sozialer Ordnung wie eine Auslöschung der Gerechtigkeitsperspektive selbst erscheinen«, hebt Axel Honneth hervor. Es sei von nun an nicht mehr verständlich, was es heißen soll, nach einer gerechten Ordnung zu verlangen, »ohne simultan auch individuelle Selbstbestimmung einzuklagen. Insofern stellt die Verschmelzung der Gerechtigkeitsvorstellung mit dem Autonomiegedanken eine irreversible, nur um den Preis der kognitiven Barbarisierung noch einmal rückgängig zu machende Errungenschaft der Moderne dar ...«[171]

Selbstbestimmung und Vernunft, Freiheit und Sittlichkeit sind keine isolierbaren Momente des Menschseins, sondern vielmehr komplementäre Aspekte des individuellen und kollektiven Lebens.

7. Freiheit zur Sittlichkeit

Die Gewalt der Moderne war stets hochmotiviert. Über drei Jahrzehnte erstreckte sich der erste große europäische Krieg, der sich im 17. Jahrhundert einem metastasierenden Krebsgeschwür gleich in einer Unzahl an territorialen Kriegen austobte. Seinen modernen Fanatismus bar jeder Vernunft bezog er aus der gegensätzlichen konfessionellen Imprägnierung der unterschiedlichen Kriegsparteien. Die Traumatisierung bestand in der »Verselbständigung des Krieges gegenüber dem Willen der Beteiligten«. Wie eine entfesselte Furie führte er sein Eigenleben, und das Kriegsgeschehen »legte nicht mehr fest, wer der Stärkere und wer der Schwächere, wer der Sieger und wer der Verlierer war, sondern vermengte beides so miteinander, dass die Oppositionsbegriffe von Sieg und Niederlage ihre klärende Bedeutung verloren und nicht länger maßgeblich waren«.[172] So einen Krieg hatte es noch nicht gegeben. Erst die Aussichtslosigkeit, den Gegner – wer auch immer das war – endgültig zu besiegen, ließ die brandschatzenden Truppen aufgeben und 1648 nach vierjährigen Verhandlungen dem Westfälischen Frieden von Münster und Osnabrück zustimmen. Die Akzeptanz des neuen politischen

Leitgedankens der Toleranz des Andersglaubenden verdankt sich eher der Erschöpfung als der Vernunft.

Auch als Export über den Erdball zieht sich eine Blutspur der modernen Gewalt. Schon zwei Tage nach seiner Ankunft in Amerika, das er für Indien hielt, schrieb Kolumbus in sein Bordtagebuch, die Eingeborenen seien nackt und es sei ein Leichtes, sie nach Europa zu bringen oder vor Ort »als Sklaven zu halten«, da man sie mit wenigen Aufsehern »niederhalten und zu allem zwingen könnte«.[173] Die Geschichte der Globalisierung ist von Beginn an eine der Unfreiheit, der Unterdrückung und Ausrottung. Die späteren Ausgestaltungen als Imperialismus und Kolonialismus bekräftigen nur, wie sehr die aus dem Abendland hervorgegangene Moderne des Westens jeden Kredit verspielt hat, die eigene Kultur als normativ und allen anderen überlegen begreifen zu können.

Kaum etwas ist daher aus heutiger Sicht so leicht verächtlich zu machen wie die Erwartung eines freiheitlichen Fortschritts durch eine Erziehung des Menschengeschlechts, von der Lessing einst gesprochen hat. Was hat es mit dieser Hoffnung auf sich? In seiner geschichtsphilosophischen Spekulation »Idee zu einer allgemeinen Geschichte in weltbürgerlicher Absicht«, 1784 in der *Berlinischen Monatsschrift* erschienen, unternimmt Kant den Versuch, ob sich nicht hinter all den planlos erscheinenden, wirren und oftmals von Eitelkeit, Bosheit und Zerstörungssucht angetriebenen

Handlungen des Menschen ein verborgener Leitfaden der geschichtlichen Entwicklung finden lasse. Dazu entwirft Kant ein Verlaufsmodell, das Individuum und Gesellschaft zu vermitteln und noch die Widerstände gegen die Sittlichkeit zu integrieren sucht. Alle Naturanlagen des Menschen, setzt Kant ein, seien dazu bestimmt, sich einmal vollständig und zweckmäßig zu entwickeln. Da aber ein Menschenleben nicht ausreiche, alle in einer Person angelegten Naturanlagen zu entfalten, komme es der Gattung zu, die Vielfalt der Vermögen zu verwirklichen. Die Gemeinschaft der Vielen wird somit zu einer Hervorbringung dessen, was der Mensch zu sein vermag. Nun setzt Kant eine Konkurrenz unter den Individuen voraus – er spricht von einem Antagonismus der »ungeselligen Geselligkeit«, da der Einzelne die anderen nicht leiden, aber auch nicht von ihnen lassen könne –, und dieser Antagonismus ist die Triebfeder, die eigene Faulheit zu überwinden.[174] Zwar sei der Mensch aus einem krummen Holz geschnitzt, fährt Kant fort, doch gerade die moderate Form des Eigennutzes setze die Dynamik des sozialen Fortschritts frei.

Schon Bernard Mandeville hatte davon gesprochen, gerade die Laster der Einzelnen sorgten für ein wirtschaftliches Aufblühen der Gemeinschaft. Und der Ökonom Adam Smith brachte die ›unsichtbare Hand‹ ins Spiel, um derartige Triebkräfte des wirtschaftlichen Florierens zu benennen. Hegel ist noch entschiedener vorgegangen und deutete die Weltgeschichte als einen Stufengang der Entwicklung des zu sich selbst kommenden und in zunehmender Freiheit verwirklichenden Geistes. Noch die Katastrophen der Geschichte vermochte er diesem Fortschritt einzuverleiben, setzte er doch eine »List der Vernunft« voraus.[175] Für den Endzweck der Weltgeschichte würden »alle Opfer auf dem weiten Altar der Erde und in dem Verlauf der langen Zeit gebracht«.[176] Hegels skandalöse Einwilligung, dass die Individuen für einen höheren Zweck »aufgeopfert und preisgegeben« werden,[177] dient ihm zur Verteidigung der Annahme, »daß die Vernunft die Welt beherrsche, daß es also auch in der Weltgeschichte vernünftig zugegangen sei«.[178] Sollte dem Humanismus ein derartiger Fortschrittsoptimismus eingeschrieben sein, wäre er spätestens nach den Katastrophen des 20. Jahrhunderts am Ende. Die List der Vernunft wäre nichts anderes als ein Zynismus der Sieger. Für Horkheimer und Adorno ist es »eine Art Schrulle«, eine abwegige und obsolet gewordene Weise, die Weltgeschichte, wie Hegel es getan hat, »im Hinblick auf Kategorien wie Freiheit und Gerechtigkeit konstruieren zu wollen«. Es sei fahrlässig, »die humanen Ideen als wirkende Mächte in die Geschichte« zu verlegen.[179]

Das muss man aber nicht tun, um mit dem Plan der Humanisierung der Welt eine Entwicklung der Sittlichkeit zu verbinden. Ich möchte dem Vorwurf von Horkheimer und Adorno begegnen, indem ich deren Argument wende: Der Humanismus steht nicht für eine Metaphysik des Geistes, die sich geschichtsphilosophisch entworfen hat. Vielmehr ist es die Geschichte des Machtmissbrauchs und der Empörung über das Leid, die zumindest dazu beigetragen hat, Gegenentwürfe einer Menschlichkeit zu entfalten. Schon Cicero hat seine Idee einer moralischen Humanität in *De officiis* von dem von ihm gezeichneten Bild Caesars abgehoben, der in seiner Skrupellosigkeit alle göttlichen und menschlichen Rechte außer Kraft gesetzt habe.[180] Es sind von Beginn an immer auch die in der Geschichte erfahrbaren Mächte der Zerstörung, die den Plan einer Befriedung und Humanisierung der Welt haben aufkeimen lassen. Erasmus von Rotterdam ruft gegen Ende seiner *Klage des Friedens* zur Vernunft auf, nachdem er keinen Zweifel an der Zerstörungswut seiner Mitmenschen gelassen hat; Kant ermahnt zur Sittlichkeit, um dem eingewurzelten Bösen im Menschen die Moralität entgegenzusetzen. Mit einem Wort: Humanismus ist Gegenkultur.

Es hat zwar den fortschrittsoptimistischen Humanismus gegeben, aber bereits ein kontrastierender Blick auf Sokrates oder Montaigne macht deutlich, dass es sich dabei um späte geschichtsphilosophische Anlagerungen handelt, nicht aber um den Kern der Idee einer Humanität. Mit der Annahme, dass der Mensch zur Vernunft fähig, zur Autonomie berufen, zur sittlichen Gemeinschaftlichkeit veranlagt ist, verbindet sich das Selbstverständnis der Moderne, eben diese Vermögen fördern und somit sich entwickeln lassen zu wollen, ohne damit – wie Hegel – ein teleologisches Stufenmodell der Geschichte verbinden zu müssen. Noch wirken diese geschichtsphilosophischen Phantasien nach. Francis Fukuyama hat die Hoffnung auf einen »kohärenten und zielgerichteten Verlauf der Menschheitsgeschichte« erneuert und das Ende der Geschichte ausgerufen, da sich die Weltgesellschaften auf dem Weg zu globalisierten Demokratien befinden sollen.[181] Ohne Schattierungen der ideellen Konzepte zuzulassen, hat John Gray dagegen die Aussicht auf eine bessere Zukunft als einen humanistischen Aberglauben und Mythos bezeichnet.[182]

Doch es gilt, weder mit einer Verteidigung noch mit der berechtigten Kritik am Fortschrittshumanismus vorschnell das Erbe zu verspielen, von dessen Erträgen wir leben. Denn mit Kant und Hegel ist eine Einsicht verbunden, die wir nur um den Preis der Selbstverkennung aufgeben können: Freiheit verlangt nach der Entfaltung einer Gemeinschaftlichkeit, dieses Wechselspiel ist ein Prozess, und diese Prozesse machen den Teil der humanen Geschichte aus.

Um diese Dynamik vor Augen zu bekommen, sind drei Freiheitsbegriffe zu unterscheiden. Isaiah Berlin hat den Begriff der ›negativen Freiheit‹ für das Freisein von Zwängen verwendet. Man ist frei *von* ungewollten Einflussnahmen, etwa des Staates. Demgegenüber ist die ›positive Freiheit‹ ein Freisein *für* etwas, für das man sich aus freien Stücken und somit selbstverantwortet entscheidet, etwa eine Ehe einzugehen.[183] Axel Honneth hat diese beiden Freiheitsbegriffe um den der ›sozialen Freiheit‹ ergänzt. Sozial bezeichnet an dieser Freiheit den Umstand,

»daß eine bestimmte Institution der gesellschaftlichen Wirklichkeit nicht mehr als ein bloßes Additiv, sondern als Medium und Vollzugsbedingung von Freiheit betrachtet wird«.[184] Der Einzelne vermag von seiner positiven Freiheit nur in einem sozialen Miteinander Gebrauch zu machen, das selbst freiheitlich bestimmt ist. Schon Kant hat in dem eingangs zitierten Aufsatz die Erreichung einer freiheitlichen und allgemein das Recht verwaltenden bürgerlichen Gesellschaft als Voraussetzung der Entfaltung der humanen Naturanlagen bezeichnet. Schon hier gilt: Die gerechte bürgerliche Verfassung des Gemeinwesens ist nicht etwas, das losgelöst von den individuellen Freiheiten besteht, sondern sie ermöglicht und garantiert die positive Freiheitsausübung des Einzelnen und ist von dessen Loyalität gegenüber den Erfordernissen der sozialen Freiheit abhängig.

Nur liberale Gesellschaften ermöglichen durch ihre freiheitliche Vermittlung von Individualität und Sozialität eine umfassende Kultur des Humanen: Die negative Freiheit gehört zum Quellpunkt eines modernen Individualismus, die positive Freiheit überschreitet bereits den Egozentrismus dieser Freiheit hin zu einem freiheitlichen Miteinander und die soziale Freiheit mitsamt ihren Institutionen als gesellschaftlich verkörperte Freiheitsformen wird zum Medium der individuellen und kollektiven Selbstbestimmungen. Diese Trias ist in ihrer Ausbalancierung fragil, wie die Freiheitspathologien deutlich machen: Ein einseitiges Beharren auf eigenen Rechten durch ›Wutbürger‹ beschädigt die soziale Sphäre der Freiheit. Ebenso beschränkt ein ungebührliches Eingreifen etwa des Staates in das Selbstbestimmungsrecht von Individuen deren negative Freiheit.

Die Verwirklichung einer Kultur der Freiheit ist zugleich die Stiftung dessen, was man mit Hegel eine öffentliche Sphäre der Sittlichkeit nennen kann. Eine liberale Gesellschaft ist eben mehr als die eröffnete Freiheit, mit legalen Mitteln den eigenen Vorteil zu suchen. Sie ist vielmehr im Kern vernünftig in dem Sinne, dass sie es ermöglicht, über das rational-instrumentelle Verfolgen von Partikularzielen hinaus Ganzheiten in den Blick zu nehmen: etwa das Gemeinwohl, die Gesamtkonzeptionen von Lebensentwürfen oder die Notwendigkeiten zum Beispiel des Klima- und Artenschutzes. Nur die vernünftig regulierten Freiheiten können Anspruch darauf erheben, auch gerecht zu sein.

Moderne Freiheit nicht im Gegensatz zur Vernunft verstehen zu wollen, ist das Erbe jener Autoren, denen ihre Kritiker einen naiven Geschichtsoptimismus vorwerfen. Dazu bedarf es aber nach wie vor der mühsamen und langwierigen Entwicklung und Erziehung des Menschen, um die Ansprüche des Einzelnen und der Gemeinschaft zu versöhnen.

Was aber, wenn der Wille, diese Mühen auf sich zu nehmen, in breiter werdenden Teilen der Bevölkerungen liberaler Staaten erlahmt? Dann ist das Projekt der Moderne gescheitert. Es wird keine

Sieger geben, wenn der Geschichtsoptimismus der Aufklärer widerlegt ist.

Eine wohlgeordnete Gesellschaft dagegen wäre in der Lage, allen den freien Zugang zu ihrer Vernunft und somit ein Überschreiten der Eigeninteressen zugunsten einer Verwirklichung des allen Menschen Gemeinsamen zu gewähren. In den Worten Goethes: »Freiheit ist nichts als die Möglichkeit, unter allen Bedingungen das Vernünftige zu tun.«[185]

Das alles verlangt nach dem, was Peter Bieri eine ›angeeignete Freiheit‹ nennt. Sie äußert sich in einem Willen, der Ausdruck eines handlungswirksam werdenden Wunsches ist. Das Maß des freien Willens hängt dabei von dem Grad seiner Verstandenheit im Sinne einer reflexiven Durchdrungenheit ab: »Wachsende Erkenntnis bedeutet wachsende Freiheit.«[186] Die Bildung zur Freiheit besteht somit in der Arbeit am eigenen Willen. Dessen Motive sind in einem Prozess der Selbstaufklärung zu erhellen und dann mit dem gesellschaftlich Wünschbaren abzugleichen. Daher muss zur Freiheit erzogen werden, indem Bildung zu einem freiheitsbegleitenden Moment wird. Die humanistischen Einzelmotive – Würde der verkörperten Person, Individualität, Bildung, individuelle und kollektive Selbstbestimmung, vernünftige Sittlichkeit, politische Partizipation – verweisen hier auf einen ihnen gemeinsamen Punkt: Der zu humanisierende Mensch, wenn dieses Paradox für einen Moment erlaubt ist, bedarf der günstigen Bedingungen seiner Ausbildung.

Schon Platon hat die Erziehung als eine Aufgabe des Staates angesehen. Unter aufklärerischen Vorzeichen hat die Pädagogik sich dieser Aufgabe angenommen. Johann Bernhard Basedow eröffnete 1774 in Dessau seine Schule der Menschenfreundschaft, das Philantropin, um die Schüler zu Toleranz und Aufgeklärtheit zu erziehen. Schon in seiner *Vorstellung an Menschenfreunde und vermögende Männer über Schulen, Studien und ihren Einfluß auf öffentliche Wohlfahrt* aus dem Jahr 1768 hatte er für seine Musterschule des 18. Jahrhunderts geworben und auf die politische Dimension der Erziehung hingewiesen: »Das Staatsbeste ist die allgemeine Wohlfahrt der Einwohner; diese fällt und steigt mit der bürgerlichen Tugend; die Erziehung und der Unterricht, vornehmlich in öffentlichen Schulen, ist entweder das vorzüglichste Hilfsmittel oder das vorzüglichste Hindernis dieses höchsten Staatszweckes, die bürgerliche Tugend zu befördern.«[187] Kant war von Basedows Schule so beeindruckt, dass er sie »das größte Phaenomen« nannte, »was in diesem Jahrhundert zur Verbeßerung der Vollkommenheit der Menschheit erschienen ist«.[188] Durch sie würden alle Schulen in der Welt eine andere Form annehmen.

Noch heute haben die Schulen für demokratische Freiheiten zu werben und ein Verständnis für die Mühen demokratischer Meinungs- und Entscheidungsbildungen zu wecken. Der amerikanische Philosoph John Dewey hat schon vor über hundert Jahren in seinem 1916 erschienenen Buch

Democracy and Education darauf verwiesen, Demokratie sei »mehr als eine Regierungsform«, sie sei in erster Linie »eine Form des Zusammenlebens, der gemeinsamen und miteinander geteilten Erfahrung«. Nur eine Gesellschaft, »die für die gleichmäßige Teilnahme aller ihrer Glieder an ihren Gütern und für immer erneute biegsame Anpassung ihrer Einrichtungen durch Wechselwirkung zwischen den verschiedenen Formen des Gemeinschaftslebens sorgt«, ist für Dewey demokratisch. »Eine solche Gesellschaft braucht eine Form der Erziehung, die in den einzelnen ein persönliches Interesse an sozialen Beziehungen und am Einfluß der Gruppen weckt und diejenigen geistigen Gewöhnungen schafft, die soziale Umgestaltungen sichern, ohne Unordnung herbeizuführen.«[189]

Man muss nicht den hochfahrenden Geschichtsidealismus Hegels teilen, um nicht alle Hoffnung auf eine moderate soziale Evolution der Institutionen unseres Zusammenlebens fahren zu lassen. Auf die englische Schriftstellerin George Eliot geht der Begriff ›Meliorismus‹ zurück, den sie 1877 in einem Brief verwendete.[190] Damit ist die Überzeugung zum Ausdruck gebracht, die Welt könne verbessert (*meliorare*) und das Leid zumindest gemindert werden. Das ist zwar weniger als ein geschichtsphilosophischer Fortschrittsoptimismus, aber doch mehr als ein pessimistischer Fatalismus.

8. Politische Partizipation

»Der wahre Zwek des Menschen«, schreibt Wilhelm von Humboldt 1792, »ist die höchste und proportionirlichste Bildung seiner Kräfte zu einem Ganzen.« Um aber dieser Bildung die nötige Freiheit zu gewähren, sei eine Beschränkung der Staatsgewalt erforderlich, denn: »Zu dieser Bildung ist Freiheit die erste, und unerlassliche Bedingung.«[191] Die Wahrung der Würde, die Selbstverfügung über den eigenen Leib, die Ausbildung der eigenen Individualität, das Recht auf ungehinderten Zugang zu Bildung, die vernünftige Selbstbestimmung und die Freiheit zur Sittlichkeit verlangen nach einer politischen Grundordnung, die all das ermöglicht und fördert. Die Sphäre des Politischen ist daher der Grundidee der Humanität nicht fremd, als handelte es sich um eine schöngeistige Idee jenseits der realen Machtpolitik. Humanität ist vielmehr immer auch politisch, Partizipation ist ihre Forderung.

Was heute leicht formulierbar scheint, hat doch einen mühsamen Weg der gedanklichen Klärung nehmen müssen. Wirft man einen Blick in die verstaubten Bücher von ehemaligen Verfassungstheoretikern, deren Namen heute nur noch den Kennern vertraut sind, kann man ihnen dabei zusehen, wie sie es unternehmen, den Grundriss der politischen Welt neu zu zeichnen. Im Mittelpunkt stehen dabei nicht mehr die Absicherung der Staatsgewalt oder die Verteidigung der Monarchie, sondern die Berücksichtigung eines jeden Menschen. Denn die Menschen »werden frei und gleich an Rechten geboren und bleiben es auch«, heißt es im Artikel 1 der Erklärung der Menschen- und Bürgerrechte vom 26. August 1789.[192] Damit hat die Französische Revolution proklamiert, was als Naturrechtsbegriff in den Köpfen europäischer Intellektueller herausgebildet worden war. Schon Jean-Jacques Rousseau hatte emphatisch die natürliche Freiheit des Menschen beschworen, in der *Encyclopédie*, die seit 1751 erschien, konnte man lesen, die ›natürliche Gleichheit‹ (*égalite naturelle*) sei »das Prinzip und die Grundlage der Freiheit«,[193] und auch Gottfried Achenwall und Johann Stephan Pütter sprachen 1750 von der ›natürlichen Freiheit‹ (*libertas naturalis*), wonach der »reine Naturzustand der Zustand der vollen natürlichen Freiheit« sei.[194] Das Grundproblem der modernen politischen Theorie besteht seither darin, zwischen diesem Freiheitsanspruch und der Schaffung einer bürgerlichen Gesellschaft zu vermitteln. Dazu wurde dem Begriff der natürlichen Freiheit mit Blick auf den Staat eine ›bürgerliche Freiheit‹ (*libertas civilis*) an die Seite gestellt, die für das Politische bewahren sollte, was im individuellen Handeln auch als ›negative Freiheit‹ bezeichnet wird: das Recht, in »Ansehung der Handlungen, die nicht durch die Gesetze des Staates bestimmt sind, zu thun und zu lassen, was mir gut dünkt«.[195] Denn was ist denn bürgerliche Freiheit sonst, fragt Georg Wedekind, »als die Befugnis, alles tun zu dürfen, welches die Gesetze, in die ich selbst eingewilliget habe, nicht untersagen?«[196] Damit war eine Selbstbeschränkung des Staates zum Schutz der bürgerlichen Freiheit des Menschen gefordert. Schon Jahre vor der Französischen Revolution, es herrschten in den deutschen Kleinstaaten Fürsten und Herzöge in absolutistischer Manier, war in Heinrich Gottfried Scheidemantels *Staatsrecht* von 1773 zu lesen, die rechtmäßige Freiheit im Staate verlange, »daß der Fürst so wol seinen Befehlen und Entschließungen selbst ihre Grenzen sezze«.[197] Das Wetterleuchten einer neuen Zeit.

Es gab einen ideengeschichtlichen Überschuss, der über den Begriff einer bürgerlichen Freiheit hinausging. Schon vor der Großen Revolution zeichnete sich ein wachsendes politisches Bewusstsein derer ab, die sich zunehmend in einem aktiven Sinne als Bürger zu verstehen suchten. Gottfried Achenwalls *Statsverfassung der heutigen vornehmsten Europäischen Reiche und Völker im Grundrisse*, in erster Auflage 1749 erschienen, erlebte bis 1781 sechs Auflagen. Die neueste atmet schon die Luft der Aufklärung, wenn es in dem ›Vorbericht‹ unter noch eurozentrischen Vorzeichen heißt: »Das Europäische Publicum ist nicht Vieh, wie das Africanische; es ist nicht mer Kind, wie im MittelAlter.

Immer noch betet es seine Fürer, seine Vormünder, an: aber es will, es soll, im Geist und in der Wahrheit anbeten. Und um das zu können, muß es nicht blos fülen, daß es regiert wird, sondern wissen, wie es regiert wird.«[198]

Von politischer Freiheit ist hier noch nicht die Rede, sie wird eher als Implikat mitgedacht, aber ein politisches Bewusstsein ist unverkennbar, auch wenn in der *Statsverfassung* auf den glorreichen, für das Zeitalter charakteristischen »Triumph« verwiesen wird, »den die Publicität seit kurzem in merern Staten über die alte barbarische Verheimlichung erhält«.[199] Öffentlichkeit und Freiheit werden nunmehr als komplementär verstanden und zu Inbegriffen einer politischen Transparenz, die allein Gerechtigkeit zu verbürgen vermag. So notiert Georg Forster während einer Reise durch England, die er 1790 zusammen mit Alexander von Humboldt unternommen hat und die sie bis in das revolutionäre Paris führen sollte, in sein Tagebuch: »Göttliche Publicität! erhabene Würde der Gerechtigkeit, die nicht das Licht scheuet! Daß kein Volk, kein Land, keine Stadt es wage, sich *frei* zu nennen, so lange Richter bei verschlossenen Thüren über das Schicksal ihrer Mitmenschen entscheiden!«[200] Zum Vergleich: Goethe war im Herzogtum Sachsen-Weimar und Eisenach als ein ›Geheimrat‹ Mitglied des den Herzog beratenden Konsiliums, dessen Entscheidungen unter Ausschluss des Volkes gefällt wurden; um ihm den diplomatischen Verkehr mit Standespersonen zu erleichtern, war Goethe eigens in den Adelsstand erhoben worden. Der Rheinisch-Deutsche Nationalkonvent dagegen konstituierte sich am 17. März 1793 im Mainzer Deutschhaus, dem heutigen Sitz des Landtags von Rheinland-Pfalz, »im großen Saal bei offenen Thüren«, wie Forster betont, damit die Deputierten »in Gegenwart des freien Volks ihr Geschäft anzutreten« unternehmen können.[201]

Scheidemantel hatte 1773 noch als ›Untertan‹ beschrieben, wer der Majestät entgegengesetzt sei und durch diese Differenz als Befehlsempfänger definiert werde. Der ›Bürger‹ dagegen wird nicht länger durch seinen Bezug auf die Majestät bestimmt, sondern durch seinen Bezug auf den Staat, dem er wie die Majestät angehört. Für Achenwall ist daher der Landesherr der »vornehmste Bürger der Republik«.[202] Wenn aber die Gleichheit aller Bürger deren Freiheit bedingt, stehen die Verhältnisse einer hierarchisch gestuften Gesellschaft im Widerspruch zum erwachenden politischen Selbstbewusstsein der Bürgerschaft. Über eine ›natürliche‹ oder ›bürgerliche Freiheit‹ hinaus beginnt man, eine ›politische Freiheit‹ zu fordern, die nicht länger die den Bürgern vom Staat gewährten Freiheiten bezeichnet, sondern eine aktive Beteiligung am politischen Geschehen reklamiert. In diesem Sinn beschreibt Johann August Eberhard politische Freiheit als eine »Theilnehmung an der Souverainität« und holt damit die Freiheit zur Partizipation am Politischen aus der Latenz individueller Freiheitsrechte jenseits der Staatsgewalt heraus: »Je mehr Bürger in einem

Staate an dieser Theil nehmen«, eben an der Souveränität der Staatsgewalt, »desto größer ist seine politische Freyheit.«[203] August Ludwig Schlözer definiert in seinem Buch *Allgemeines StatsRecht und StatsVerfassungslere* von 1793 die Differenz von bürgerlicher und politischer Freiheit: »Bürgerliche Freiheit ist voller Genuß der natürlichen Freiheit in allem, was nicht die Gesellschaft einschränken mußte; wo man nichts tun, nicht leiden darf, als was den Gesetzen gemäs ist. Politische Freiheit, ist Anteil des Bürgers an der Herrschaft …«[204] Somit waren die politischen Freiheitsbegriffe sortiert und eine Theorie entworfen, der die republikanische Praxis folgen sollte.

Schon John Locke hatte im Sinne eines politischen Liberalismus darauf verwiesen, Gesetze seien nicht dazu da, Freiheit abzuschaffen oder einzuschränken, sondern zu schützen und zu erweitern, und sie somit als Garanten der individuellen Freiheit zu bestimmen versucht,[205] nun wird die »Mitwirkung der Staatsbürger bey der Regierung des Staats, besonders bey der Gesetzgebung«,[206] offensiv eingefordert. Mehr noch: Unter politischer Freiheit versteht Johann Gottlieb Fichte das unabhängige Ermessen des Staatszwecks selbst.[207] Das erfordert allerdings einen nachabsolutistischen Staatsbegriff – schon Montesquieu merkt an, politische Freiheit sei nur in moderaten Staaten anzutreffen.[208] Das Staatsmodell der ›Republik‹ wird daher kurzerhand als ›Freistaat‹ begriffen. Nur ein Staat, so Carl Theodor Welcker, dessen Verfassung von der »Einwilligung und Freyheit der Bürger, welche nicht etwa blos leere Präsumtion seyn, sondern wirklich bestehen sollen«, sei – wie es nun heißt – ein »Rechtsstaat«.[209]

Tritt man von dieser durchaus kleinteiligen Darstellung der einzelnen Versuche, das Politische neu zu denken, einen Schritt zurück, ergibt sich ein klares Bild. Das öffentliche Verhandeln aller Dinge, die das Politische betreffen, ist die Bedingung der Möglichkeit einer repressionslosen Ausbildung der Kräfte des Menschen zu einem Ganzen, wie Humboldt gefordert hat. Als Repräsentant der deutschen Aufklärung hat Kant die Hoffnung formuliert, man könne die Geschichte der Menschheit »im großen als die Vollziehung eines verborgenen Plans der Natur ansehen, um eine innerlich – und zu diesem Zwecke, auch äußerlich – vollkommene Staatsverfassung zu Stande zu bringen, als den einzigen Zustand, in welchem sie alle ihre Anlagen in der Menschheit völlig entwickeln kann«.[210] Die bürgerliche Verfassung, die das ermögliche, sei »in jedem Staate republikanisch«.[211]

Die jeden Einzelnen wertschätzenden modernen Demokratien sind daher wesentlich mehr als ein technokratischer *modus vivendi*. Für Jürgen Habermas besteht das Wesen der Demokratie darin, »daß sie die weitreichenden gesellschaftlichen Wandlungen vollstreckt, die die Freiheit der Menschen steigern und am Ende vielleicht ganz herstellen können. Demokratie arbeitet an der Selbstbestimmung der Menschheit, und erst wenn diese wirklich ist,

ist jene wahr.«[212] Demokratie als Prinzip der politischen Partizipation bedeutet für ihn, dass »mündige Bürger unter Bedingungen einer politisch fungierenden Öffentlichkeit, durch einsichtige Delegation ihres Willens und durch wirksame Kontrolle seiner Ausführung, die Einrichtung ihres gesellschaftlichen Lebens selber in die Hand nehmen«.[213]

9. Die Gewalt des Antihumanismus

»Mit der Humanität müssen wir brechen«, schreibt der Vordenker des völkischen Nationalismus Paul de Lagarde 1884, »denn nicht das allen Menschen Gemeinsame ist unsere eigenste Pflicht, sondern das nur uns Eignende ist es.«[214] Hatte Kant von der Pflicht eines jeden Einzelnen gegenüber dem universalen Sittengesetz gesprochen und damit den individuellen Egoismus durch das Aufrufen der Menschheit in uns zu überwinden gesucht, frappiert die Kaltschnäuzigkeit, mit der Lagarde den völkischen Narzissmus als das Gebot der Stunde ausgerufen hat. Die Idee einer allumfassenden Menschenfreundschaft hat nicht nur Kritiker gefunden, sondern auch Feinde.

Deren erster Angriff auf die Tradition einer sittlichen Erziehung und Einung des Menschengeschlechts besteht in deren Verächtlichmachung. Spricht man heute despektierlich von ›Gutmenschen‹, sprach man zu Beginn des bislang gewalttätigsten Jahrhunderts unserer Geschichte von »Humanitätsduselei«.[215] Eine krude Lesart der Evolutionstheorie hatte einen Sozialdarwinismus in Teile des politischen Denkens Einzug halten lassen, und angesichts einer unterstellten natürlichen Auslese von Völkern beim Kampf ums Dasein erschienen die humanistischen Ideale als lebensuntüchtige Verweichlichungen.

An Hitlers *Mein Kampf* lässt sich idealtypisch ablesen, wie Leitvorstellungen der humanistischen Tradition substanziell entkernt und umgedeutet wurden, wenn sie nicht gleich der Lächerlichkeit preisgegeben worden sind. Auch Hitler sprach in seinem Pamphlet, das die Editoren der Neuausgabe ein »antizivilisatorisches Programm« nennen,[216] von »Humanitätsduselei«[217] und setzte zu einem Großangriff an, zunächst auf dem Papier, bis ihm dann die politische Ermächtigung die Möglichkeit eines staatlich organisierten Terrors bot. Dabei findet sich bereits in *Mein Kampf* das Selbstverständnis Hitlers als ›Führer‹ ausgedrückt: Die Kunst aller wahrhaft großen Volksführer bestehe zu allen Zeiten in erster Linie darin, »die Aufmerksamkeit eines Volkes nicht zu zersplittern, sondern immer auf einen einzigen Gegner zu konzentrieren«.[218]

Dazu bedient sich Hitler in *Mein Kampf* einer Sprache, in der die einzelnen Worte und Sätze überanstrengt wirken: Hitler liebt den Superlativ, verwendet bevorzugt apodiktische Kürzel wie ›immer und ewig‹, ›monumental‹, ›gigantisch‹ und steigert Worte durch Präfixe, wenn er etwa von ›allergenialst‹, ›allerverlogenst‹ oder ›urgesund‹ spricht und seinen Text mit den Vokabeln ›absolut‹, ›unbedingt‹ oder ›restlos‹ anreichert. Dabei bezieht er biologistische Sprechweisen mit ein, um die von ihm ausgemachten Feinde des ›Volkskörpers‹ als ›Schädlinge‹ oder

›Bazillenträger‹ zu bezeichnen, die es ›auszumerzen‹ gelte. Die Entschiedenheit seiner Haltung drückt sich in der Umwertung der Konnotierungen von Worten aus, wenn er etwa moralisch fragwürdige Begriffe wie ›rücksichtslos‹, ›brutal‹ oder ›fanatisch‹ positiv wertet und zu Leitlinien entschlossenen Handelns erhebt.[219]

Darüber hinaus bietet Hitler in *Mein Kampf* gleichsam einen autobiographischen Bildungsroman, dessen Entwicklung in der Überwindung ehemals humanistischer Hemmungen besteht. Er sei bei den ersten Begegnungen mit Juden zunächst noch dem aufklärerischen Prinzip der Toleranz auch gegenüber anderen Religionen gefolgt: »Noch sah ich im Juden nur die Konfession und hielt deshalb aus Gründen menschlicher Toleranz die Ablehnung religiöser Bekämpfung auch in diesem Fall aufrecht.«[220] Erst nach und nach habe er die zersetzende Kraft der Juden für die Volksgemeinschaft erkannt und sich nach langem Ringen »auf die Seite des Verstandes« geschlagen, dem schließlich auch das Gefühl gefolgt sei.[221] Humanistische Werte, auf die sich die Juden bezögen, erscheinen ihm als bloße Rhetorik. Schon Houston Stuart Chamberlain hatte die Juden bezichtigt, sich nur auf die »Humanitätsduselei« zu berufen, wenn sie ihnen »zum Vorteil gereichte«.[222] Hitler nimmt diese Unterstellung auf und bezichtigt die Juden, von ›Aufklärung‹, ›Fortschritt‹, ›Freiheit‹ und ›Menschentum‹ zu sprechen – von Hitler allesamt in Anführungszeichen gesetzt –, dabei aber nur ihren eigenen Vorteil im

Blick zu haben.[223] Humanitätsideale werden ihm zur Maskerade von Schwächlingen, die sich Vorteile ergaunern wollen. In Reden und Briefen spricht er gelegentlich vom ›Humanitätsjuden‹.[224]

Die Pointe von Hitlers Selbstdarstellung besteht in der Entwicklung vom »schwächlichen Weltbürger zum fanatischen Antisemiten«.[225] Er vollzieht also die umgekehrte Entwicklung: Indem er sich von den universalen Leitvorstellungen eines Humanismus löst, vermag er sich auf das Nationale zu konzentrieren. Als er auf offener Straße eine Gestalt in langem Kaftan und mit schwarzen Locken gesehen habe, habe er sich zuerst gefragt: »Ist dies auch ein Jude?«, um dann die Frage anders zu stellen: »Ist dies auch ein Deutscher?«[226] Hitler stilisiert die ›Judenfrage‹ zu einer Frage nationalen Ausmaßes und definiert so in *Mein Kampf* das Ziel, auf das sich die Gewalt auszurichten habe. Bereits 1919 formulierte er in einem Brief, die Juden seien nicht als Religionsgemeinschaft, sondern als »Rasse« anzusehen, und der »Antisemitismus der Vernunft« müsse zur »planmäßigen gesetzlichen Bekämpfung und Beseitigung der Vorrechte der Juden« führen – sein »letztes Ziel aber muß unverrückbar die Entfernung der Juden überhaupt sein«.[227]

Der von Carl Schmitt prominent vertretene Dualismus von ›Freund‹ und ›Feind‹ ist auch für Hitler leitend. Dazu bedient er sich der Grundvorstellung der humanistischen Entwicklungs- und Kulturanthropologie, die er allerdings aufspaltet. Von Pico della Mirandola über Wilhelm von Humboldt und

Kant bis zu modernen Reformpädagogiken wird die sittliche Sphäre der menschengeschaffenen Kultur als ein förderliches Medium für die Selbstentwürfe von Personen und Gesellschaften verstanden. Die Kultur ist dem Menschen eine zweite Natur, die er als einen Schon- und Entwicklungsraum seiner selbst entworfen hat. Für dieses Selbstbewusstsein, ohne Gott und Kosmos selbstverantwortet einen Raum des Humanen aufspannen zu können, lag seit der Antike die mythische Figur des Prometheus bereit, der den Menschen schuf und Zeus das Feuer stahl, um es seinen Geschöpfen zu bringen – eine Erzählung vom Beginn der Kultur als wichtigstes Überlebensmittel des Menschen. Goethe hatte sich mit dieser Schöpferfigur identifizieren können und verband seine anthropozentrische Religionskritik mit einer neuen Zuversicht auf Zusammengehörigkeit eines auf sich selbst vertrauenden Menschengeschlechts, gilt es doch in der prometheischen Welt gemeinsam zu leiden, zu weinen, zu genießen und sich zu freuen, wie es gegen Ende der Prometheus-Ode heißt.

Auch Hitler ruft in *Mein Kampf* den »Prometheus der Menschheit« auf, dem wir alles an »menschlicher Kultur, an Ergebnissen von Kunst, Wissenschaft und Technik« verdanken, erklärt ihn aber zum ›Arier‹ und spaltet, was die humanistische Lesart als Einheit des Menschengeschlechts vorgestellt hatte. Es gäbe, so fährt er fort, drei Arten der Menschheit: den »Kulturbegründer«, den »Kulturträger« und den »Kulturzerstörer«.[228] Nur der »Arier«

habe die Kraft, Kultur zu stiften, fremde Völker –
wie die asiatischen – wären lediglich dazu bestimmt,
diese Kultur zu übernehmen, das jüdische Volk stuft
Hitler als kulturzersetzend ein. Wenn »der Jude«
über die Völker dieser Welt siege, »dann wird seine
Krone der Totenkranz der Menschheit sein, dann
wird dieser Planet wieder wie einst vor Jahrhun-
derttausenden menschenleer durch den Äther zie-
hen«.[229]

Es kommt nicht darauf an, die gewaltsame Aneignung des antiken Mythos zu korrigieren. Es geht
nur darum, beobachten zu können, wie sich Hitler
mitunter eines tradierten Bildungsgutes bedient, um
seiner Rhetorik eine Gestalt zu verleihen. Auf Stringenz und inhaltliche Stimmigkeit kommt es ihm
dabei nicht an. Hat er eben noch von Prometheus
gesprochen, dem Provokateur des obersten Gottes Zeus, kann er nun für seinen Kampf religiöse
Anleihen machen: »Indem ich mich des Judentums
erwehre, kämpfe ich für das Werk des Herrn.«[230]

Siegfried Kracauer hat das Formprinzip derartiger Propaganda einen »Spiegelreflex« genannt:[231]
Die Opfer des Vernichtungsterrors werden zu Aus-
lösern einer Kulturzerstörung stilisiert, derer es
Einhalt zu gebieten gelte, mit allen Mitteln. Die
Opfer werden zu Tätern. Der Mord an ihnen wird
zu einem Akt der Selbstverteidigung der scheinbar
Bedrohten. Heinrich Himmler, Reichsführer der
SS, hat in diesem Sinne einer spiegelreflexen Ver-
kehrung der Bedeutungsverhältnisse am 4. Oktober
1943 in einer Rede vor SS-Männern davon gespro-

chen, diese seien angesichts der von ihnen durchgeführten Massenerschießung »anständig geblieben«.[232]

Sprachphilosophisch betrachtet ist das reiner Nominalismus: Was Worte bedeuteten, bestimmt allein der Souverän. Das mit ihnen Bezeichnete wird fluide, kann sich ins Gegenteil kehren, verliert seine Anbindung an alltagsweltliche Vertrautheiten. Die normative Verbindlichkeit ist aufgehoben. Sie gehöre einer Generation an, hat Hannah Arendt bemerkt, die in den 1930er und 1940er Jahren »den totalen Zusammenbruch aller geltenden moralischen Normen im öffentlichen und privaten Leben miterlebt«[233] und seither »das größte Verbrechen der überlieferten Geschichte« vor Augen habe.[234] Hitler hat die moralisch geltenden Normen implodieren lassen, indem er sie sich gefügig machte und beliebig wendete. Dabei wusste er, was er tat. Und er wusste, dass er in der Tradition des Humanismus jene Hemmung ausmachen konnte, die es zu überwinden galt: »Mögen wir inhuman sein! Aber wenn wir Deutschland retten, haben wir die größte Tat der Welt vollbracht. Mögen wir Unrecht tun! Aber wenn wir Deutschland retten, haben wir das größte Unrecht der Welt wieder beseitigt. Mögen wir unsittlich sein! Aber wenn unser Volk gerettet wird, haben wir der Sittlichkeit wieder Bahn gebrochen.«[235]

Noch die Unstimmigkeit der als Argumentation getarnten Weltanschauung dient Hitler und den Nationalsozialisten dazu, die Orientierung in Denkräumen und die Verbindlichkeit von Leitideen aufzuheben. Es kommt also nicht so sehr darauf an, *was* Hitler geschrieben hat, sondern *wie* er mit Sprache und der durch sie ausgedrückten Vorstellungen der Tradition umgegangen ist. Albrecht Koschorke hat auf den »leeren Aktionswert von Worten« verwiesen, der der »Faszination einer Macht« diene, »die ihren einzigen Grund in ihrer Ermächtigung hat und sich aus dem Nichts selbst erschafft«.[236] Das Telos dieser Sprache ist Gewalt, nicht Verständigung. Die Sprache der Nationalsozialisten dient dazu, das durch sie geknüpfte Netz normativer Bindungen aufzulösen. Dadurch entsteht ein Leerraum, der mit beliebiger Gewalt gefüllt werden kann. »Hitler dachte immer gern in Vernichtungskategorien«, hat Sebastian Haffner angemerkt.[237] Der Nationalsozialismus ist keine Ideologie, an die man glauben musste, um an seinen Gewaltexzessen teilhaben zu können. Darum ist es gleich, wie wirr die als Argumentation getarnte Gedankenwelt in *Mein Kampf* ist. Hitler räumte ab, er baute nichts auf. Selbst das von ihm ausgerufene Arier- und Germanentum war lediglich eine Maske für die gewollte ideologische Leere, denn Hitler zögerte nicht, auch das Volk der Deutschen dem Untergang zu weihen. »Wir kapitulieren nicht, niemals. Wir können untergehen. Aber wir werden eine Welt mitnehmen«, hat Hitler nach dem Scheitern der Ardennen-Offensive zu Nicolaus von Below gesagt.[238]

Auf ideologische Ziele, Programme oder Utopien kam es ihm also nicht an. Das machte den Nationalsozialismus für seine Anhänger attraktiv:

Sie seien »niemals einer Vision, sondern einer Kraft gefolgt«, hat Joachim Fest konstatiert.[239] So konnte der NS-Staat als durchorganisierte Gewalt im ideologischen Leerlauf funktionieren: Arendt hat gerade die »Freiheit vom Inhalt der eigenen Ideologie« als die innerste Schicht der totalitären Hierarchie charakterisiert.[240] Der Antihumanismus tritt somit nicht inhaltlich an die Stelle des Humanismus, sondern sucht diesen zu zerstören, um einen Raum zu schaffen, der jede Form der Gewalt zulässt. Antihumanismus ist das Vakuum, das bleibt, wenn alles Humane getilgt ist.

In den Konzentrationslagern hat sich dieses Vakuum des Humanen vollends realisiert. Wolfgang Sofsky hat sie als einen Realisationsort absoluter Macht beschrieben. Alles, was der Humanismus dem Menschsein zugeschrieben hat – Würde, Recht auf unversehrte Leiblichkeit, Individualität, Selbstbestimmung, Partizipation – wurde ausgelöscht. Aus Namen wurden Nummern, aus den Leibern lebende Skelette, aus sich selbst bestimmenden Menschen ohnmächtige Opfer. Das Konzentrationslager sei ein »Laboratorium der Gewalt« gewesen, einer absoluten Gewalt, die auf Steigerung ihrer selbst gezielt habe.[241]

Sigmund Freud hat 1941 das »Kulturexperiment« des Menschen als gescheitert bezeichnet.[242] Damit verbietet sich die vorschnelle Entlastung, Auschwitz, Buchenwald, Mauthausen, Ravensbrück und all die anderen Konzentrationslager und die Terrorherrschaft der Nationalsozialisten überhaupt als ein Jenseits der Kultur zu denken. Sind sie denn das Resultat von Zivilisationseinbrüchen und -ausfällen? Oder sind sie selbst Ergebnis der Kultur des Menschen? Für Wolfgang Sofsky ist die Gewalt »selbst ein Erzeugnis der menschlichen Kultur, ein Ergebnis des Kulturexperiments. Sie wird vollstreckt auf dem jeweiligen Stand der Destruktivkräfte. Von Rückschritten mag nur zu reden, wer an Fortschritte glaubt.« Der »Glaube an die Zivilisation« sei aber nichts als ein »eurozentrischer Mythos, in dem sich die Moderne selbst anbetet. Er entbehrt der realen Grundlage.« [243]

Es fällt schwer, trotz der Blutspur, die sich durch die Moderne zieht, einen Optimismus zu beschwören, unsere Welt zu befrieden und zu humanisieren. Doch Sofsky unterstellt dem Projekt des Humanismus eine hoffnungsfrohe Selbstverliebtheit, die es so nie besessen hat. Erasmus von Rotterdam hat in seiner *Klage des Friedens* keinen Zweifel an der unersättlichen Kampfeswut des Menschen gelassen, die überall nur Chaos und Leid schaffe; Montaigne hat seine humanistischen *Essais* in einer Zeit zu schreiben begonnen, die durch die tausendfachen Morde an den französischen Hugenotten durch die Katholiken ihren grausamen Stempel aufgedrückt bekommen hat; Kant hat vom eingewurzelten Bösen im Menschen gesprochen, das ihn dazu verleite, den anderen nur um des Totschlagenwollens zu ermorden; Schiller setzte seine ästhetische Erziehung des Menschen den Schreckensnachrichten vom Terror der Spätphase der Französischen Revolution entgegen. Humanisten sind keine Träumer mit dem Rücken zur brutalen Wirklichkeit. Aber sie lassen es nicht zu, vom »Menschenmaterial« zu sprechen, das nach Belieben formbar sein soll.[244] Den Versuch preiszugeben, Eigensinn und Gemeinschaft in Freiheit zu vermitteln und der rohen Gewalt mit Menschenfreundlichkeit zu begegnen, würde bedeuten, Hitler das letzte Wort zu überlassen.

Thomas Mann hat 1935 im Angesicht des Nationalsozialismus einen wehrhaften Humanismus gefordert – er spricht sogar – dessen Tonfall aufnehmend – von einem militanten, männlichen Humanismus. Denn er sah die humanistischen Ideale Europas auf dem Rückzug: »In allem Humanismus liegt ein Element der Schwäche, das mit seiner Verachtung des Fanatismus, seiner Duldsamkeit und seiner Liebe zum Zweifeln, kurz: mit seiner natürlichen Güte zusammenhängt und ihm unter Umständen zum Verhängnis werden kann.« Durch den forschen Brutalismus ihrer Gegner gerate die gebildete Welt in die Defensive: »Eingeschüchtert, vor den Kopf geschlagen, nicht wissend, wie ihr geschieht, mit betretenem Lächeln, räumt sie Position für Position«, während der Fanatismus ohne Scham und Zweifel obsiege.[245] Ein Jahr später bekräftigte Mann noch einmal sein Selbstverständnis. Humanismus sei nichts Philologisches und keine tote Gelehrsamkeit, »vielmehr eine *Gesinnung*, eine geistige Verfassung, eine menschliche Stimmung, der es um Gerechtigkeit, Freiheit, um Wissen und Duldsamkeit, um Milde und Heiterkeit, zu tun ist:

auch um den *Zweifel*, – nicht um seiner selbst willen, sondern um den Zweifel als ein Werben um
die Wahrheit, eine liebende Bemühung um sie, die
höher steht als aller Wahrheitsbesitzerdünkel.«[246]
Das war gegen den ›Führer‹ und seine Gefolgschaft
formuliert und behauptet angesichts der populistischen Extremismen und Antihumanismen unserer
Tage seine erschreckende Aktualität.

10. Utopien des Transhumanismus

»Der Mensch ist Etwas, das überwunden werden soll«, lässt Nietzsche seinen Zarathustra sagen,[247] und er scheint damit den Imperativ des Transhumanismus vorbereitet zu haben. Der alte Mensch ist seiner Grenzen überdrüssig geworden. Er sieht sich nicht nur bereit, sondern auch fähig, diese Begrenzungen zu überschreiten und sich neu zu erschaffen – Nietzsche hat vom ›Übermenschen‹ gesprochen.

Dabei mag es den Anschein haben, als ob dieser Wille zum Überschreiten der bisherigen Bestimmungen des Humanen sich noch dem Impuls des klassischen Humanismus verdanke. Hatte nicht Pico della Mirandola dazu aufgerufen, der Mensch solle Gestalter seiner selbst sein? Und besteht nicht die Tradition einer Humanisierung der Welt in dem Kampf gegen die schmerzlichen Anfechtungen durch Alter, Krankheit und Tod, die es abzuschaffen gilt? Die *conditio humana* wird im Zeitalter der Möglichkeiten als unzumutbare und transformierbare Limitierung begriffen. Vermochte der Mensch bislang lediglich Kulturtechniken zu entwickeln, um ein besseres Leben innerhalb seiner Grenzen zu erreichen, setzt der Transhumanismus dazu an, die

Limitierungen des herkömmlichen Menschseins aufzuheben. Und das heißt für ihn vor allem: gegen die als entscheidende Grenze ausgemachte Körperlichkeit des Menschen anzugehen.

Technische Implantate sind in der Medizin grundsätzlich nichts Neues mehr. Herzschrittmacher werden bei Patienten mit verlangsamtem Herzschlag (*Bradykardie*) eingesetzt; Gehörlosen kann mit einem Cochlea-Implantat geholfen werden. Doch die Visionen der Transhumanisten beschränken sich nicht auf technische Therapien körperlicher Erkrankungen. Elon Musk arbeitet mit seiner Firma Neuralink daran, das menschliche Gehirn durch unter die Schädeldecke implantierbare Chips mit Computern zu verbinden (*Brain-Computer-Interface*). Das soll zum einen Menschen mit Behinderungen, etwa einer Querschnittslähmung, zu neuen Bewegungsmöglichkeiten verhelfen. Allein durch Gedanken sollen sie technische Apparaturen steuern können, die ihre Gliedmaßen mobilisieren. Zum anderen aber soll die Leistungsfähigkeit unseres Gehirns durch Neuroprothesen gesteigert werden. Für derartige transhumanistische Zielvorstellungen sollen *Hybrid Minds* die nächste Stufe der menschlichen Evolution darstellen.

Ray Kurzweil, Leiter der technologischen Entwicklung beim Konzern Google und Verfasser einer Reihe von populär gewordenen Büchern zum Transhumanismus, hat bereits die »Menschheit 2.0« ausgerufen.[248] Für ihn ist der Transhumanismus so etwas wie die Realisierung des Vervollkommnungsideals des klassischen Humanismus mit anderen Mitteln. Insbesondere die Computertechnologie soll dazu dienen, die mentalen Fähigkeiten des Menschen aus seiner Reserve zu locken. Der Basissatz der *Transhumanist Declaration* aus dem Jahr 2012 besagt, das menschliche Potenzial sei nach wie vor weitgehend unentfaltet.[249] Durch pharmazeutische und technologisch ermöglichte Steigerung (*Enhancement*) soll dem lahmen Geist auf die Sprünge geholfen werden.

Letztes Ziel ist dabei die Überwindung der Sterblichkeit. Nachdem Kurzweil die Tätigkeit unseres Gehirns mit dem Funktionieren eines Computers verglichen hat, stellt er einen »Gehirn-Upload« in Aussicht, der die »allmähliche Übertragung unserer Intelligenz, unserer Persönlichkeit und unserer Fähigkeiten auf den nichtbiologischen Part unseres Geistes« verwirklichen soll; dadurch würden wir zu »Software-Menschen«, die ohne lästige Bindung an den biologischen Träger des Geistes »weit über die engen Beschränkungen heutiger Menschen hinaus erweitert werden«.[250] Dieses neue Zeitalter der nicht-biologischen Existenz nennt er aufgrund der vermeintlichen Überwindung der unterstellten Dualität von Körper und Bewusstsein die Zeit der »Singularität«. Um das Jahr 2099 erwartet Kurzweil den entscheidenden Schritt: »Das menschliche Denken verschmilzt mit der ursprünglich von der menschlichen Spezies erschaffenen Maschinenintelligenz. Es gibt keine klare Unterscheidung mehr zwischen Mensch und Computer. Die meisten bewußten Wesen besitzen keine permanente physische Präsenz mehr.«[251] Aufgrund der technisch erzeugten Unsterblichkeit habe der Begriff der ›Lebenserwartung‹ dann seine Bedeutung verloren.

Bereits dieses Schlaglicht auf die technophile Evolutionsutopie des Transhumanismus genügt, um das Profil des traditionellen Humanismus und seiner Idee der Humanität hervortreten zu lassen. Und schon bei diesem kurzen Blick auf den Transhumanismus zeichnen sich einige seiner fragwürdigen Voraussetzungen ab. Jeder nur halbwegs mit der Geschichte des abendländischen Denkens Vertraute erkennt in Kurzweils anthropologischer Utopie eine klassische Abwertung der Leiblichkeit zugunsten des Geistes wieder. Schon Sokrates hatte seinem sterblichen Leib die unsterbliche Seele gegenübergestellt, das Christentum sah im Fleisch des Menschen eine Versuchung, und René Descartes entwarf als Rationalist einen strikten Dualismus von Körperlichkeit und Geistigkeit. Diese Konzeptionen von Leib und Geist sind allesamt vor Darwin formuliert worden. Sämtliche nachdarwinistischen und somit evolutionsanthropologischen Einsichten in die Wechselwirkungen von verkörpertem Bewusstsein und bewusster Leiblichkeit werden bei Kurzweil aber zugunsten einer im Grunde vormodernen Utopie reiner Intellektualität preisgegeben. Seine Phantasie eines neuen Zeitalters des nicht-biologischen Menschen beerbt auf ungetrübte Weise den geschichtsphilosophischen Idealismus eines zu sich selbst kommenden Geistes. Dafür hat die Idee des *Mind Copying* das komplexe, stets kontextualisierte und netzwerkartig organisierte Phänomen des humanen Bewusstseins im Kern auf ›Informationen‹ zu reduzieren, die als leibungebunden auf den digitalen Träger transferiert werden können sollen.

Unabhängig von der Wahrscheinlichkeit derartiger Umsetzungen verblüfft die Bereitschaft zur Simplifizierung. Transhumanistischen Utopien stellen einen Neuroreduktionismus dar, indem das Personsein mit dem Gehirn als Organ identifiziert wird. Zwar sind neuronale Prozesse für das menschliche Erleben unabdingbar, aber der transhumanistische Zerebrozentrismus – also die Fokussierung auf das Großhirn – unterschlägt die Bedeutung der Leiblichkeit, der beziehungsstiftenden Interpersonalität und überhaupt der Umwelteingebundenheit des menschlichen Lebens. Eine holistische Anthropologie hat daher die »verkörperte Praxis des Geistes«, wie es Matthias Jung nennt, zu untersuchen, um die transhumanistischen Verkürzungen zu korrigieren.[252] Thomas Fuchs hat in seiner luziden wie detailreichen *Verteidigung des Menschen* derartige argumentative Inkonsistenzen und unangemessene Reduktionismen ausführlich behandelt und kommt zu dem Schluss: »Die Utopien der Transhumanisten scheitern bereits an ihrer völligen Verkennung dessen, was Leben ist.«[253]

Der Transhumanismus stellt nicht die Vollendung des Humanismus durch seine Überwindung dar. Die angestrebte Steigerung der menschlichen Intelligenz durch pharmazeutische und technische

Mittel bis hin zu ihrer nicht-biologischen Verstetigung durch *Mind Transfer* entwirft eine Perfektionierung, die mit der Idee der Humanität wenig zu tun hat. Schon Sokrates verknüpfte die Sorge für die Seele mit einem tugendhaften und vor allem gerechten Leben. Und auch Pico della Mirandola versah die dem Menschen von Gott eröffnete Selbstgestaltungsfreiheit mit einem moralischen Index: Es stehe dem Menschen frei, in die Welt des Göttlichen aufzusteigen oder in die Unterwelt des Viehs herabzusinken. Die humanistische Vervollkommnung des Menschen ist daher immer als eine *sittliche* Perfektionierung gedacht. Von Moral aber ist bei den Transhumanisten nicht die Rede.

11. Kritischer Posthumanismus

Als Michel Foucault in den letzten Zeilen seines
Buches *Die Ordnung der Dinge* in Aussicht stellte,
der Mensch werde verschwinden wie am Meeres-
ufer ein Gesicht im Sand, zielte er auf die Vergäng-
lichkeit des Rahmens von Vorentscheidungen, der
darüber bestimmt, was in ihm gedacht, gesagt, getan werden kann. ›Der Mensch‹, wie wir ihn durch
eine wissenskulturelle Vorentscheidung vor Augen
haben, sei aber eine relativ neue Erfindung der vergangenen Jahrhunderte. Dieses Dispositiv, das den
Menschen durch die modernen Humanwissenschaf-
ten und die philosophische Anthropologie zum
Ordnungsmoment aller Dinge gemacht habe, werde
künftig abgelöst durch ein postanthropologisches
Denken.

Der kritische Posthumanismus hat diesen Gedanken aufgenommen. Fehlt es dem Transhumanismus an einem ethischen Kern, kann davon beim
kritischen Posthumanismus nicht die Rede sein. Im
Gegenteil: Es ist die gerade von Foucault inspirierte
Einsicht in die Herrschafts- und Machtstruktur der
anonymen Organisiertheit von Wissenssystemen, die
es zu kritisieren gelte. Foucault hat in seiner *Archäo-
logie des Wissens* von einem ›historischen Apriori‹

gesprochen, um die geschichtlich gewachsene Selbst-
verständlichkeit zu bezeichnen, die das Feld der
möglichen Diskurse vorbestimmt. Konkret: Was
einer Epoche in der Sexualität erlaubt scheint, was
sie unter Wahnsinn und psychischer Abnormalität
versteht, wie sie Vergehen als solche bestimmt und
bestraft, all das bezieht seine Entschiedenheit aus
einem vorgängigen Rahmen der Denk- und Hand-
lungsmöglichkeiten. An der modernen Entstehung
von Gefängnissen und der Psychiatrie hat Foucault
die gesellschaftsformende Kraft dieses Prozesses,
der von dem modernen historischen Apriori bestimmt ist, aufzuweisen unternommen. Die noch
gegenwärtige Idee des Menschen zu überwinden
heißt demnach, eine fragwürdige Praxis der eta-
blierten Machtstrukturen zu korrigieren.

In diesem Sinne hat Rosi Braidotti in ihrem Buch
The Posthuman bekannt, sie »hege keine Nostalgie
für ›den Menschen‹, dieses angebliche Maß aller
Dinge, für die von ihm ersonnenen Wissensformen
und Selbstbilder«.[254] Sie hat damit den Nerv eines
kritischen Zeitgeistes getroffen, der im Humanismus vor allem eine anthropozentrische Vormacht-
stellung ausmacht, die zu Unterdrückung und Ausbeutung führe. »Das Humane ist eine normative
Konvention«, führt Braidotti aus. »Als solche ist
es nicht durch und durch negativ, nur hochgradig
normierend und damit instrumentalisierbar zum
Zwecke der Ausgrenzung und Diskriminierung.
Die menschliche Norm steht für Normalität, Nor-
mativität und das Normgerechte. Sie macht eine

bestimmte Form des Menschseins zu einem allgemeinen Maßstab, der als *das* Menschliche einen höheren Wert erhält.«[255] Ein Feminismus etwa, der die Figuration der ›Frau‹ durch einen männlich dominierten Humanismus aufzuheben sucht, hat daher ein Antihumanismus zu sein.

Jenseits der normierenden Schablonen des Humanismus zeichnet sich für Braidotti eine neue Lebensform ab, die sich durch eine netzwerkartige Verbundenheit mit Nichtmenschlichem auszeichnen soll, gehe es doch um ein »komplexes Gefüge von Menschlichem und Nichtmenschlichem, Planetarischem und Kosmischem, Gegebenem und Künstlichem, was erhebliche Umstellungen in unseren Denkweisen verlangt«.[256] Eine vitalistische Auffassung des Lebens (*zoé*) als übergreifende Kraft soll den verengenden Anthropozentrismus aufsprengen und zu einem neuen Holismus führen: »Ein zoézentrierter Egalitarismus ist für mich der Kern der postanthropologischen Wende – eine materialistische, säkulare, geerdete und unsentimentale Antwort auf die opportunistische artenübergreifende Vermarktung des Lebens, die der Logik des modernen Kapitalismus entspricht.«[257]

Eine Überwindung von anthropozentrischen Ordnungsrastern strebt ebenso Karen Barad an, die die Idee vom Menschen als einen der Natur und der Welt gegenübergesetzten, distanzierten Betrachter kritisiert, sei doch das Universum eine »im Werden begriffene agentielle Intraaktivität«.[258] Die Reduzierung der Materie auf ein passives Objekt für unsere

Zugriffe wird damit ebenso obsolet wie eine strikte Subjekt-Objekt-Trennung. Barad tritt vielmehr für eine radikal formulierte relationale Ontologie ein, in der es keine voneinander getrennten Objekte gibt. Alles ist mit allem verbunden, und für eine wie auch immer ausgestaltete Vorrangstellung des Menschen in unseren Wissenssystemen und Praxen ist kein Platz.

Auch Donna Haraway erblickt in den ideologisch ausgehöhlten Dichotomien von Geist und Körper, Tier und Mensch, Organismus und Maschine, Natur und Kultur, Mann und Frau, Wahrheit und Illusion, Gott und Mensch und so fort eine endgültig zu überwindende Herrschaftsform »über all jene, die als *Andere* konstituiert werden und deren Funktion es ist, Spiegel des Selbst zu sein«.[259] Derartigen Kritiken am Humanismus und posthumanistischen Entgrenzungsvorhaben gegenüber erscheinen die modernen Humanisten, wie es Bruno Latour formuliert, als »Reduktionisten, denn sie wollen das Handeln nur wenigen Mächten zuschreiben und lassen allem anderen nur die Rolle bloßer Zwischenglieder oder stummer Kräfte«.[260]

Diese schlaglichtartigen Aufblendungen einiger weniger posthumanistischer Positionen müssen genügen, um eines deutlich hervortreten zu lassen: Wer heute von Humanität spricht oder sich gar in die Tradition des Humanismus stellt, gerät unter den Verdacht, auf unaufgeklärte Weise restriktive Strukturen der Herrschaft zu verteidigen. Der normative Kern der Idee des Humanen scheint sich in sein Gegenteil verkehrt zu haben. Zunehmend wird der klassische Humanismus als eine eurozentrische Kopfgeburt begriffen, der ausgrenze, was ihm nicht entspreche. Dafür gibt es prägnante Beispiele: Kant hat vom starken und »durch keine Reinlichkeit« zu vermeidenden »Geruch der Neger« gesprochen,[261] für ihn galt als ausgemacht, dass »alle Neger stinken« und dabei »faul, weichlich und tändelnd« seien.[262] Dem weißhäutigen Menschen hat er einen Vorrang eingeräumt, insofern er dem ursprünglichen Menschenstamm am nächsten geblieben sei: »Allein der Erdstrich vom 31sten bis zum 52sten Grade der Breite in der alten Welt (welche auch in Ansehung der Bevölkerung den Namen der alten Welt zu verdienen scheint) wird mit Recht für denjenigen gehalten, in welchem die glücklichste Mischung der Einflüsse der kältern und heißern Gegenden, und auch der größte Reichtum an Erdgeschöpfen angetroffen wird; wo auch der Mensch, weil er von da aus zu allen Verpflanzungen gleich gut zubereitet ist, am wenigsten von seiner Urbildung abgewichen sein müßte.«[263] Die Risse im Universalismus des aufklärerischen Denkens lassen sich nicht übersehen.

Über die berechtigte Kritik hinaus sei dahingestellt, wie viel Rhetorik in den Schriften der Posthumanisten am Werk ist, die mitunter vollmundig versprechen, was sie einzulösen kaum imstande zu sein scheinen. Gegenüber der durch einen eigenen Sprachduktus erzeugten Morgenluft einer neuen Zeit wirkt die Rede vom Humanen abgestanden und nostalgisch. Es bleibt auch an dieser Stelle ungeprüft, ob die Kritik des Posthumanismus immer auf der Höhe des von ihm Infragegestellten agiert. Die Konzeptionen von Vernunft, Aufklärung, Personalität und so fort scheinen nicht immer in ihrem vollen Umfang und in ihrer Komplexität aufgerufen zu werden, sondern mitunter als vereinfachtes Zerrbild. Das betrifft auch die Tradition des Humanismus in seiner historischen Genese. Posthumanisten werden nicht müde, den unterdrückenden Charakter eines Anthropozentrismus zu betonen, und ein Blick auf die Massentierhaltung, das Artensterben und den Klimawandel bestätigt die Auswirkungen des Anthropozän. Dabei wird aber verschwiegen, dass der klassische Humanismus stets kontrafaktisch ausgelegt war: Als eine Kritik an überkommenen Machtstrukturen der Gewalt wurde die Humanisierung des Menschen nahezu als eine Utopie entworfen, als ein Gegenentwurf. Noch Kant hat den Prozesscharakter dieses Vorhabens unterstrichen, als er auf die Frage, ob wir in einem aufgeklärten Zeitalter lebten, antwortete, wir lebten in einem Zeitalter der Aufklärung. Während Posthumanisten dem klassischen Humanismus Triumphalismus unterstellen, als ob sich der Mensch immer als das Zentrum der Welt begriffen habe, dem alles Übrige unterzuordnen sei, hat bereits Kant in der *Metaphysik der Sitten* davon gesprochen, es sei eine Pflicht des Menschen gegen sich selbst, von der Gewalt und Grausamkeit gegenüber den Tieren zu lassen, da es zu einer Verrohung des Menschen führe. Das ist Vielen zu wenig. Doch man übersehe nicht das darin zum Ausdruck kommende Ziel, die Welt des Menschen insgesamt zu humanisieren, also auch dem ›menschlich‹ zu begegnen, was nicht menschlich ist. Ich schlage daher vor, genau zwischen ›Humanismus‹ und ›Anthropozentrismus‹ zu unterscheiden. Es gibt einen Humanismus, der sich kritisch zum Anthropozentrismus verhält. »Der Humanismus besagt«, so Markus Gabriel, »dass die Ethik als das Nachdenken darüber, was wir tun bzw. unterlassen sollen, anthropogen ist, also aus der menschlichen Lebensform entspringt, ohne deswegen anthropozentriert zu sein, sich also nur auf den Menschen zu richten.«[264]

Das führt zurück zu Foucault. Man wird der Genese eines historischen Apriori insofern zustimmen können, als dass die klassisch-humanistische Ausformulierung der Idee vom Menschen als eine geschichtlich Gewachsene zu begreifen ist. Das bedeutet aber nicht, die Forderung einer sittlichen Menschlichkeit von bestimmten geistesgeschichtlichen Bedingungen so abhängig machen zu müssen, dass sie mit der Kritik am apriorischen Rahmen zu Fall kommen muss. Als anthropologisches Apriori ist formulierbar: Das Menschsein ist die Bedingung der Möglichkeit, Welt zu haben. Es ist die für uns unhintergehbare Voraussetzung, die wir nicht gewählt haben, von der wir aber auch nicht ohne Selbstverkennung lassen können. Dazu muss man nicht Dualismen von Natur und Kultur, Mensch und Tier und so fort aufstellen, um dennoch – bei aller netzwerkartigen Verflochtenheit mit anderem Wirklichen – zu erkennen, dass wir jenen menschlichen Standpunkt nicht räumen können, auf dem wir stehen. In dieser Einsicht drückt sich kein Triumph aus, sondern vielmehr das Zugeständnis, nichts anderes sein zu können als Menschen.

12. Eine humane Welt

Die Rede von einer humanen Welt ist ein Pleo-
nasmus, denn nur der Mensch hat eine ›Welt‹, in
der er sich nicht einfach vorfindet, wie in einem
Behälter. Seine Bewusstseinsvermögen erlauben
ihm nicht allein den verstandesgeleiteten, rational-
kalkulierenden Zugriff auf Wirkliches, mit dem er
die verschiedensten Herausforderungen des Lebens
mit instrumenteller Intelligenz zu bewältigen vermag. Die Vernünftigkeit seines Bewusstseins ermöglicht es ihm darüber hinaus, ein die einzelnen
Situationen umgreifendes Ganzes zu denken: etwa
über alle einzelnen Handlungen hinaus das Soziale
als den Raum der Handlungen; oder über alle erfahrbaren Tiere, Pflanzen und anorganischen Stoffe
hinaus die Natur als das sie Vereinende; oder eben
über alle erfahrbaren Wirklichkeitsbezüge hinweg
die Welt als den letzten Horizont aller Horizonte.
Zur Vernunft dieser Leistungen gehört es, dass sich
diese Ganzheiten der Erfahrbarkeit entziehen. Niemand hat eine Anschauung der Welt, keiner kennt
die Natur an sich, und auch die Sphäre des Sozialen
ist ein Grenzbegriff.

Wenn wir daher von einer humanen Welt sprechen, zielen wir auf das Selbstverständnis des Men-

schen angesichts einer von ihm vernünftig entworfenen Ganzheit. Tiere haben keine Welt, da ihnen der sprachliche Symbolismus fehlt, eine Ganzheit zum Ausdruck zu bringen, auf die sie sich normativ zu beziehen vermögen. Nun ist streng genommen mit dem Ausdruck ›humane Welt‹ erst einmal lediglich der Umstand bezeichnet, dass es ein anthropologisches Alleinstellungsmerkmal ist, über eine Welt zu verfügen – ganz gleich, wie moralisch verdorben es in ihr zugehen mag. Doch der Ausdruck ›human‹ wird eben nicht deckungsgleich mit dem Wort ›anthropologisch‹ gebraucht, da wir mit der ›Menschlichkeit‹ stets jene Sittlichkeit verbinden, von der unsere Welt im besten Fall geprägt sein soll. Eine humane Welt ist daher eine sittlich geordnete Welt.

Das mag als sehr wenig und unbestimmt erscheinen. Hannah Arendt aber hat daran erinnert, der Humanist verfüge, »weil er kein Spezialist ist, über ein Urteils- und Geschmacksvermögen, das jenseits des Zwangs liegt, den jedes Spezialgebiet auf uns ausübt«.[265] Der Plan von der Humanisierung der Welt überschreitet oder unterschreitet – je nachdem, welchen intellektuellen Anspruch man anlegt – in diesem Sinne jede disziplinäre Engführung und fügt sich daher nicht ein in die konkrete Vorstellungswelt der Philosophie, der Ästhetik, der Politik oder was auch immer, ist aber eben auch nicht von ihnen abhängig. Der Plan von der Humanisierung der Welt als einer Abschaffung alles Inhumanen setzt seine Hoffnung, so naiv das klingen mag, auf die Fähigkeit jedes Einzelnen, sich als Mensch menschlich zu verhalten und den anderen Menschen Mensch sein zu lassen – um des anderen und um seiner selbst willen. Denn es sei ein »schreckliches, ein unerbittliches Gesetz, dass man die Menschlichkeit eines anderen nicht leugnen kann, ohne die eigene zu schmälern«, schrieb James Baldwin 1960.[266]

Auch wer den Humanismus als geschichtliches Projekt und die Humanität als Ideal hinter sich lassen zu können meint, wird sie nicht los. Charles Taylor hat als Großerzähler der Entstehung unseres modernen Selbstverständnisses Skepsis gegen alle Formen des Posthumanismus angemeldet und seine Überzeugung zum Ausdruck gebracht, »daß wir alle viel zu sehr der modernen Kultur verhaftet sind, der Gewohnheit, unser Leben mit den Kräften der instrumentellen Vernunft zu ordnen, der Suche nach Verklärung durch schöpferische Phantasie, dem Kult der Freiheit der Selbstbestimmung, als daß wir wirklich imstande sein könnten, uns von diesen poietischen Kräften zu lösen und uns selbst ohne Bezugnahme auf sie zu definieren«.[267] Unsere gesamte, in den westlichen Gesellschaften historisch gewachsene Selbstinterpretation lässt sich nicht ohne Selbstverkennung abschütteln. Noch wer die Akzeptanz fluider Identitäten einfordert, etwa in der sexuellen Orientierung, wer die Überwindung eines ausbeuterischen Anthropozentrismus einklagt oder wer für Rechte von Tieren streitet und darüber hinaus einen Biozentrismus vertritt, der allem Lebendigen einen zu respektierenden Eigenwert zuschreibt, kommt in seiner Kritik und Fürsprache nicht ohne Rückbezüge auf jene Ideen aus, die der Humanismus unter den Stichworten Würde, Recht auf Individualität und leibliche Unversehrtheit, Selbstbestimmung, öffentlicher Vernunftgebrauch entwickelt hat.

Die Vorbehalte, die gegen die Tradition des Humanismus im Umlauf sind, speisen sich oftmals aus der berechtigten Kritik an einer maßlosen Selbstüberschätzung des Menschen. Ihr entspricht eine ausbeuterische Praxis, unter der die Natur zu leiden hat und die die Lebensbedingungen auf unserer Erde bedroht. Die Kritik an uns selbst nimmt dabei aber mitunter Formen der Autoaggression an und gleicht verbalen Selbstverletzungen. James Lovelock etwa spricht von der »Menschenplage«, da wir uns auf diesem Planeten »wie krankheitsauslösende Mikroorganismen oder neoplastische Krebszellen« verhalten würden.[268]

Schon Erasmus hat keinen Zweifel daran gelassen, wozu der Mensch in seiner lasterhaften Verdorbenheit alles fähig ist. Seine *Klage des Friedens* liest sich wie ein Traktat über die Gewalt und Zerstörung, an deren Ende er dennoch zu Vernunft und Wohltätigkeit, kurz: zur Philanthropie rät. Humanismus ist von Beginn an eine Sittlichkeit einfordernde Treue zum Menschen in Kenntnis der von ihm geschaffenen Abgründe. Noch die Scham, die einem mit Blick auf das vom Menschen Begangene überkommt, und die Empörung, die dazu aufruft, gegen das Leid und die Vernichtung anzugehen, sind zutiefst humane Regungen.

Im rechten Sinne verstanden ist Humanismus kein selbstgefälliger Narzissmus, der sich zur Doktrin verdichtet das Recht zuspricht, über alles Nichthumane zu herrschen. Der Humanismus verweist vielmehr auf das, was der Mensch noch nicht ist. Die Ideen des Humanismus suchen eine Entwicklungsdynamik freizusetzen, damit der Mensch beginne, den Möglichkeiten seiner Vernunft und Freiheit in Würde zu entsprechen. Der Kern des Humanismus, so formuliert es Volker Gerhardt, besteht demnach in der Selbstverständigung, »dass sich in ihm der Mensch als der begreift, der er in seiner besten Verfassung sein kann«.[269] Für Sarah Bakewell zeichnet sich der Humanismus durch vier Grundsätze aus: Ihm ist nichts Menschliches fremd, er betont die Diversität anstelle der Universalität, er wertschätzt das kritische Denken und fordert schließlich eine moralische Lebensführung.[270] Und Julian Nida-Rümelin erblickt im Humanismus das Potenzial, Modernitätspathologien zu therapieren: »Unser modernes Menschenbild, unser aktuelles Selbstbild, *sollte sich* auf die humanistische Tradition der frühen Neuzeit und nicht auf die rationalistischen, technokratischen, utopischen und totalitären Abwege der Moderne beziehen.«[271] Gerade das Potenzial der humanen Selbsthervorbringung aus der »fehlbaren und immer wieder mißlingenden kooperativen Anstrengung, die Leiden versehrbarer Kreaturen zu mildern, abzuschaffen oder zu verhindern«, darf für Jürgen Habermas nicht verspielt werden. »Damit verbindet sich der moderne Sinn eines Humanismus, der längst in den Ideen des selbstbewußten Lebens, der authentischen Selbstverwirklichung und der Autonomie seinen Ausdruck gefunden hat – eines Humanismus, der sich nicht auf Selbstbehauptung versteift«.[272] Ein zeitgenössischer Humanismus verwaltet keinen Besitz an anthropozentrischen Privilegien, sondern zeigt das Ausstehende an und benennt die Vermögen, es zu erreichen.

Die Vereinigung *Humanists International* verabschiedete 2022 auf der Generalversammlung im englischen Glasgow eine »Erklärung des modernen Humanismus«. Darin wird die ethische Verpflichtung, der Wert der Rationalität und die Aussicht auf ein erfülltes Leben in ihrer Gültigkeit für unsere Gegenwart bekräftigt. Dogmatischer Religion, autoritärem Nationalismus, Sektierertum und Stammesdenken sowie egoistischem Nihilismus gelte es entgegenzutreten.[273] So prominent diese Aktualisierung der humanistischen Tradition auch ist, gibt es gute Gründe, auf den traditionellen Begriff ›Humanismus‹ zu verzichten. Denn dieser Traditionsbegriff besitzt einen kaum noch vertretbaren Bedeutungshof, einen Kranz von angelagerten Vorstellungen über den Menschen, die obsolet geworden sind. Bei Cicero zum Beispiel findet sich das Argument, die Vorzüglichkeit des Menschen beruhe auf der Teilhabe an der kosmischen Vollkommenheit: Es könne »die Klugheit der Menschen ... uns zum Beweise dienen, daß es einen Geist des Kosmos gibt, einen scharfsinnigeren als den unsrigen und einen göttlichen.«[274] Denn woher sonst habe der Mensch seinen Geist? Der Mensch erscheint in dieser Verschränkung von Mikrokosmos und Makrokosmos als ausgezeichnet, denn er hat sich als Teil von etwas Größeren zu begreifen. Und als Ausdruck der Renaissance erstrahlt der Begriff des Humanismus in metaphysischem Glanz, werden doch die intelligiblen Fähigkeiten des Menschen – als ein zweiter Gott – gefeiert. Der Aufklärungshumanismus wird mit einem Fortschritts- und Emanzipationsoptimismus verbunden, der nach den Katastrophen des 20. Jahrhunderts so nicht mehr geteilt werden kann. Ich habe zu zeigen versucht, dass derartige Zuschreibungen das geschichtliche Phänomen des Humanismus verkürzen und seine Komplexität unzulässig reduzieren. Aber man wird den Verdacht nicht zerstreuen können, hier werde eine weltanschaulich ausgelegte Schablone des Menschseins entworfen, die den gegenwärtigen Einsichten in die Möglichkeiten und Probleme unseres Daseins nicht mehr entspricht. Von dem Plan, unsere Welt zu humanisieren, sollten wir aber nicht lassen. Denn was wäre die Alternative?

Längst bieten sich Wege an, den Plan der Humanisierung der Welt auf neue Weise plausibel zu machen. Michael Tomasello steht exemplarisch für eine Entwicklungsanthropologie, die sich nicht mehr metaphysischen oder religiösen Annahmen verdankt, sondern inspiriert von der Evolutionstheorie Darwins die Genese unserer sozialen Welt darzustellen sucht. Trotz aller Egoismen, die unsere Lebenswelten prägen, weist Tomasello die Kooperation eines gestifteten gemeinsamen Wir als den Nährboden für unsere Kulturgestaltung aus. So kann er eine *Naturgeschichte der menschlichen Moral* vorlegen, die zu erläutern sucht, warum in unserer sozialen Evolution »die Moral irgendwie gut für unsere Spezies, unsere Kultur und uns selbst zu sein scheint«.[275]

Die Idee der Menschlichkeit als dem Inbegriff eines Wohlwollens sich selbst und anderen, aber auch dem Nichtmenschlichen gegenüber, hat sich in seiner klassischen Gestalt als Humanismus unter kontingenten geschichtlichen Bedingungen der abendländischen Tradition entfaltet, ohne aber von diesen Formulierungsbedingungen abhängig zu sein. So hat etwa Lucy Delap den feministischen Kampf für Frauenrechte als eine globale Bewegung nachgezeichnet und verweist etwa auf die Chinesin He-Yin Zhen, um 1884 geboren und 1920 gestorben, die patriarchale Strukturen untersuchte und anprangerte. He-Yin Zhen gehörte den Zirkeln chinesischer Exilanten in Japan an, gab die Zeitschrift *Natural Justice* der Gesellschaft für die Wiederherstellung der Frauenrechte mit heraus und veröffentlichte 1907 ein »Feministisches Manifest«, in dem sie sich unter anderem gegen die Sitte wendete, verheiratete Frauen hätten den Namen des Mannes anzunehmen. Ihrem eigenen Namen als Ehefrau fügte sie selbstbestimmt Yin als den Mädchennamen ihrer Mutter an und ergänzte He-Yin um Zhen, was ›Donnerschlag‹ bedeutet. Bei ihrer Kritik patriarchaler Strukturen richtete sie ihre Aufmerksamkeit auch auf die chinesischen Schriftzeichen und monierte, der Begriff *furen* für ›Frau‹ sei dem Wort *fu* entlehnt, das für ›Besen‹ steht. Mit der Assoziation der Frauen als Besen würden sie der Welt der Haushaltstätigkeiten zugeordnet. He-Yin Zhen, so fasst es Delap zusammen, »strebte nach der Gleichbehandlung der Geschlechter als Teil einer umfassenderen gesellschaftlichen Revolution«.[276] Delap berichtet auch von der 1858 in den Vereinigten Staaten noch als Sklavin geborenen Anna Julia Cooper, die in ihrem Buch *A Voice from the South* 1892 gegen den Rassismus anschrieb und sich lautstark in der Schwarzen Bürgerrechts- und Frauenbewegung engagierte.[277] Die Idee der Menschlichkeit als Sittlichkeit lässt sich immer wieder aufs Neue reformulieren. Dabei ist nicht die Stringenz der Begründung entscheidend, sondern allein die erfolgreiche Ermahnung, Ermunterung und Aufforderung, das Menschsein nicht vom Gutsein getrennt sein zu lassen, was immer das auch konkret heißen mag. Zum Schutz des anderen gilt hier ein Primat der Praxis vor der Theorie.

Längst sind der Idee der Humanität ihre metaphysischen Flügel gestutzt worden, von Fortschritt und Erziehung des Menschengeschlechts ist, wenn überhaupt, nur noch verhalten die Rede. Aber die berechtigte Kritik an dem hochtrabenden Plan einer Humanisierung der Welt treibt doch seinen untangierbaren Kern hervor. Die Vorstellung, es könne eine Welt für uns geben, in der es menschlich zugeht, ist geradezu unaufgebbar. Oder anders herum gewendet, in den harten Worten des Gerechtigkeitstheoretikers John Rawls: »Wenn eine annehmbar gerechte Gesellschaft der Völker, deren Mitglieder ihre Macht vernünftigen Zielen unterordnen, nicht möglich ist, und Menschen im Großen und Ganzen amoralisch, wenn nicht unheilbar zynisch und egozentrisch sind, müsste man sich ... fragen, ob es sich für Menschen lohnt, auf Erden zu leben.«[278]

Daher kommt die Idee einer Humanisierung der Welt einem Akt der Anthropodizee gleich, geht es doch um die Verteidigung der Hoffnung auf den Menschen trotz des von ihm gestifteten unermesslichen Leids in dieser Welt. »Gemeinsam sind in die Menschen die Keime des Wissens und der Tugend gelegt«, hat Erasmus von Rotterdam vor fünfhundert Jahren in seiner *Klage des Friedens* geschrieben, »und ein sanfter und liebenswürdiger Charakter, der zu gegenseitigem Wohlwollen neigt, damit er aus sich liebenswert sei und es ihm leicht falle, sich um andere sogar ohne Entgelt Verdienste zu erwerben ... Daher kommt es wohl, daß man allgemein alles, was zum gegenseitigen Wohlwollen gehört, ›menschlich‹ nennt, so daß das Wort ›Menschlichkeit‹ nicht schon unsere Natur bezeichnet, sondern das sittliche Verhalten eines Menschen, das seiner Natur würdig ist.«[279] Die Gelehrsamkeit eines Erasmus hat nichts von einem zweckrationalen Wissen, das strategisch seine egoistischen Ziele verfolgt. Sie ist ihm vielmehr ein Medium jenes Wohlwollens anderen gegenüber, auf die der Mensch für ihn angelegt ist. Dabei ist er nicht blind gegenüber der Realität von unmenschlicher Gewalt und Vernichtung. Diese »Sittenpest« dauert an.[280] Erasmus hat aber nicht von seinem Grundgedanken gelassen, Mensch zu sein bedeute, die Welt zu befrieden: »Ohne daß sonst noch etwas dazukäme, müßte der gemeinsame Name Mensch genügen, daß Menschen zu einer Verständigung kommen.«[281]

Nachbemerkung: Perspektiven der Geschichte unserer Gegenwart

Jede Gegenwart hat ihren Anfang in den Tiefen der Geschichte. Jedes Heute ist eine Verwirklichung gewesener Möglichkeiten. Alles Aktuelle trägt den Stempel seiner historischen Gewordenheit, sei es auch an verborgener Stelle. Die Geschichte kennt keine radikalen Neuanfänge, die alles zuvor Gewesene hinter sich zu lassen vermöchten. Zwar gibt es grundlegende Wandlungen, Wenden im Lauf der Zeiten, epochale Umschmelzungen aller bestehenden Verhältnisse durch Entdeckungen, Kriege, Revolutionen, neue Ideen und Taten, die Bestehendes oft haben rasch alt aussehen lassen. Doch im Neuen scheint stets das Alte durch.

Nicht selten wurde die unverlierbare Signatur unserer Herkunft als Ärgernis angesehen. Nietzsche hat den »Nutzen und den Nachteil der Historie für das Leben« abgewogen und die Emphase der Gegenwart aus den Fängen der Krake der Historie zu befreien gesucht. Doch schon in der Antike war der Gegensatz von ›Alten‹ und ›Neueren‹ geläufig, um das taufrische Jetzt von der ranzig gewordenen Vergangenheit abzusetzen. Die Römer sprachen von den *poetae novi*, von den ›neuen Dichtern‹, die sich auf der Höhe der Zeit der alten Stilmittel entledigten. Die Christen als vermeintliche Zeugen eines weltgeschichtlichen Umbruchs prägten das Wort *modernus* – von *modo*, was so viel heißt wie ›jetzt‹ –, um ihre bevorzugte Stellung in der Heilsgeschichte in Abgrenzung von den antiken Heiden zu bezeichnen. Wer dem ›modernen Zeitalter‹ – dem *seculum modernum* – angehörte, sah sich als den Begünstigten der Geschichte an. So taten es auch die intellektuellen Erneuerer am Ende des Mittelalters, als die Nominalisten bei der Erkenntnis der Welt nicht mehr von den Dingen, sondern von den Wörtern ausgingen, somit einen ›modernen Weg‹ – die *via moderna* – bahnten und die Vergangenheit Vergangenheit sein ließen. Die überkommenen Denkweisen wurden kurzerhand als *via antiqua* diskreditiert. Bis in die Frömmigkeit hinein hat diese Emphase der reformierenden Erneuerung gestrahlt, wie die *devotio moderna* anzeigt, eine spätmittelalterliche Erneuerungsbewegung aus dem Geist der Innerlichkeit. Die Renaissance hat den Streit um die Hoheit der Weltdeutung anhand der Schlüsselfrage des Vorrangs in der Dichtkunst zur *Querelle des Anciens et des Modernes* auf epochale Höhe getrieben – es war Bernard de Fontenelle, der den bis ins 17. Jahrhundert schwelenden Streit zugunsten der Modernen entschied. Mit der Epoche des Rationalismus und der Aufklärung etablierte sich endgültig ein Modernitätsverständnis, das für das Vorausgegangene kaum etwas anderes übrig hatte als Vorurteile. Für Descartes galt als ausgemacht, dass für die Wissenschaften kein Gedächtnis vonnöten sei. Die Bezeichnung des ›finsteren Mittelalters‹, einst von Francesco Petrarca eingeführt, wurde der Inbegriff einer modernen Selbstbestätigung durch Diffamierung. Hegel unternahm es daher in seiner Darstellung der Weltgeschichte, in Siebenmeilenstiefeln möglichst rasch über diese leidige Epoche hinwegzukommen. Zwar gab es immer auch Renaissancen vergangener Epochen, etwa im romantischen Mittelalterkult, doch diese augenfälligen Stilblüten historischen Dekors erweisen sich auf den zweiten Blick als raffinierte Modernitätsfacetten, als Aneignungen der Vergangenheit unter modernen Vorzeichen. Modernität lebt von dem Anspruch des *plus ultra*, wie es Francis Bacon zu Beginn des 17. Jahrhunderts in seinem Programm einer *Instauratio magna*, einer ›Großen Erneuerung‹, formulierte: Immer weiter!

Erst die Neuzeit hat sich vollends als eine zeitgeschichtliche Epoche begriffen und benannt. Dennoch ist es kaum möglich, auf Anhieb zu sagen, was es denn heißt, ›modern‹ zu sein. Die ›Moderne‹ ist mehr als ein epochaler Zeitbehälter, in dem man sich zufällig vorfindet. ›Modernität‹ ist vielmehr ein normatives Selbstverhältnis, das die Praktiken unseres Weltbezugs ausrichtet und durch Abgrenzung vom Vor- und Nichtmodernen leitet. Wir sind gleichsam auf Modernität geeicht. Dabei ist das, was wir die westliche Moderne nennen, ein geschichtlich gewachsenes Selbstverständnis, das zwar nicht zufällig, aber auch nicht notwendig ist.

Mit der Bezeichnung der Moderne kann sich – in Anbetracht der *Postcolonial Studies* – nicht länger eine Vorrangstellung verbinden. Wohl aber handelt es sich um einen kontingenten Traditionsstrang, dem wir Einsichten universaler Geltung verdanken – etwa in der Ausformulierung von Menschenrechten.

Der Narzissmus der Gegenwärtigkeit vereitelt oftmals die geschichtliche Selbstvergewisserung als Form der Selbstaufklärung. Mag auch der Einzelne geneigt sein, zeit seines Lebens den Raum seiner Gegenwart nicht zu verlassen und den Keller der Geschichte unter seinen Füßen nicht zu betreten, so kann es sich eine Gemeinschaft als das gesponnene Netz öffentlicher Selbstverständigungen nicht leisten, auf einen Blick in die Geschichte zu verzichten. Der Preis eines historischen Analphabetentums wäre hoch: Er käme einem Selbstverlust gleich. Denn wir *haben* keine Geschichte, wir *sind* Geschichte. Man hat sich weit zurückzufragen, um zu verstehen, wer man ist.

Bewusste Modernität ist von Beginn an immer auch ein Akt der Selbstbeschreibung im Medium der Geschichte. Wir können von Modernität nur sinnvoll sprechen, wenn wir sie als Resultat historischer Konstellationen begreifen, die uns zu dem haben werden lassen, was wir sind. Modernität ist ein geschichtlich bestimmtes Wechselspiel aus Prägung und Aneignung, Vorgabe und Reflexion, Vorentschiedenheit und Wahl. Sich der historischen Koordinaten zu vergewissern, die dieses Wechselspiel bestimmen, ist ein Akt der Gegenwartsintensivierung.

Und damit fangen die Probleme an. Seit Nikolaus Kopernikus mit seiner astronomischen Reform im Jahr 1543 die Erde aus dem Mittelpunkt des Planetensystems nahm und die Zentralstellung mit der Sonne besetzte, gehört die Perspektivität zum reflektierten Grundbestand des modernen Bewusstseins: Der Standpunkt, den man einnimmt, bedingt das Wahrgenommene. An der Standortgebundenheit aber krankt alle historische Selbstvergewisserung: Wir können nicht anders, als vom Heute aus das Gestern betrachten. Alles Gewesene wird auf den Fluchtpunkt eines modernen Jetzt hin geordnet. Uns ist die Möglichkeit verwehrt, in die vergangene Welt etwa eines antiken Menschen einzutreten. Die Kontingenz des geschichtlichen Situiertseins schreibt die Perspektive unseres historischen Blicks fest.

Aber Kopernikus hat zugleich die moderne Artistik des Perspektivenwechsels eingeführt. Die Brillanz seiner Reform besteht ja gerade in der Fähigkeit des menschlichen Denkens, das Gegebene und in diesem Fall sinnlich Verbürgte alternativ, aus einer anderen Perspektive zu denken. Kant, von Kopernikus inspiriert, hat das im Rahmen der Beschreibung des »gemeinen Menschenverstandes« mit Blick auf andere Personen die »erweiterte Denkungsart« genannt: sich an die Stelle jedes anderen zu denken. Eine ›erweiterte Modernität‹, wenn man so will, hat darin zu bestehen, die eigene

Positionalität im Abgleich mit anderen möglichen Standpunkten zu begreifen. Ein erweitertes Modernitätsverständnis ist um eine Genealogie seiner selbst ebenso bemüht wie um eine Anerkennungshermeneutik nichtmoderner, aber gleichwertiger Lebensformen. Das kann nur gelingen, wenn jeder ideologische Zug, jede Fortschrittseuphorie, jede Stigmatisierung des Fremden vermieden wird.

Aber es ist noch komplizierter. Shmuel Noah Eisenstadt hat von den *Multiple Modernities* gesprochen und die Illusion zurückgewiesen, es mit einer homogenen Moderne zu tun haben zu können. Es gibt moderne Rationalität und moderne Musik, moderne Architektur und moderne Technik, moderne Philosophie und moderne Kriegsführung, moderne Ökonomie und moderne Lyrik. Als Epochenstadien gibt es die ›Frühmoderne‹, die ›Klassische Moderne‹ und die ›Postmoderne‹. Manche wähnen uns an die Zeitgrenze einer ›Spätmoderne‹ angekommen. ›Modernität‹ scheint bei all dem oftmals nicht mehr zu sein als ein Etikett, mit Hilfe dessen sich die ergänzenden oder disparaten, mitunter dissonanten Phänomene des Modernen ordnen lassen. Aber so unscharf die Idee der Moderne als Orientierungsmodell im Einzelnen auch funktionieren mag, wir können nicht auf sie verzichten, wenn wir die Möglichkeit eines zureichenden Selbstverständnisses nicht preisgeben wollen.

Modernität besteht also nicht zuletzt in der Reflexion, was Modernität überhaupt bedeutet. Als Epochenzusammenhang hat sich die Neuzeit – ich verwende den Begriff der ›Neuzeit‹ synonym mit dem der ›Moderne‹ – nicht nur selbstbewusst konstituiert und von den erst durch sie definierten vorangegangenen Epochen abgesetzt. Sie zeichnet sich auch als ein Kulturzusammenhang aus, der ein andauernd kritisches Verhältnis zur Welt und zu sich selbst bewahrt hat. Modernität ist stets zugleich Kritik und Selbstkritik.

Einen wichtigen Beitrag zu dieser Selbstaufklärung nimmt die Erzählung ein. Das moderne Selbstbewusstsein ist in hohem Maße narrativ bestimmt. Wer wissen will, was modern ist, muss erzählen, wie es zu dem gekommen ist, was als modern gilt. Die Moderne hat daher gleichsam ein dramatisches Verhältnis zu sich selbst: Kein Licht der Aufklärung ohne die Finsternis mittelalterlicher Zustände, kein Siegeszug der Technik ohne Rückgriff auf den antiken Mythos des Prometheus, keine Religionskritik ohne die Verschwörungserzählung des Priesterbetrugs. Wir Menschen sind die Lebewesen, die sich Geschichten erzählen, um sich und die Welt zu verstehen. Nun hat das Narrative keinen guten Stand im gegenwärtigen Design wissenschaftlicher Theorie. Gilt es aber nicht, die Denkform der intellektuellen Nacherzählung unserer Geschichte zu rehabilitieren, wie es Charles Taylor in seinen großen Werken zur Genese unserer Gegenwart unternommen hat? Ist dafür auch die kurze Form von Ideengeschichten – im Plural, um den monumentalen Singular zu vermeiden – geeignet?

Im Jahr 1501 verfasste Erasmus von Rotterdam sein *Enchiridion militis christiani*, sein *Handbüchlin eins Christlichen und Ritterlichen Lebens*, wie es in der deutschen Übersetzung von Johannes Adelphus heißt, die 1520 in Basel erschienen ist. Mit dieser kleinen Schrift belebte er die Tradition des ›Handbüchleins‹, dessen handgerechtes Format sich der Lektüre auf den Reisen des Lebens anbot. Darauf kam es Erasmus an: Er wollte »in aller Kürze eine Art zu leben« aufzeigen, schreibt er in dem beigefügten Brief an einen anonymen Adressaten. Seine Schrift wollte eher dienlich als vollständig sein. Diese Tradition des Handbüchleins gilt es immer wieder zu erneuern und fortzusetzen.

Dabei besitzt ein Handbüchlein Ähnlichkeit mit dem, was wir heute als ›Taschenbücher‹ kennen, die bei ihrer Einführung fast schon eine subversive Handreichung an die Leser darstellten, machten sie doch Texte so verfügbar wie einst die Flugschriften in der Zeit der Reformation. Der Geist eines Handbüchleins liegt aber nicht allein im äußeren Format, sondern in der inneren Gestaltung der Gedanken. Es zwingt zur pointierten Kürze und zur Kunst des Weglassens. Daher erlaubt und fordert es eine essayistische Prägnanz, ohne auf knappem Raum auf Ausgewogenheit des Dargestellten zu achten zu haben.

In diesem Sinne beginne ich mit diesem Handbüchlein eine Reihe von Miniaturnarrativen zur Geschichte unserer Gegenwart. Sie wollen ›Perspektiven der Moderne‹ bieten: Von einem frei gewählten

Standpunkt aus nehme ich einen Fluchtpunkt in den Blick und erlaube eine Durchsicht vom einen zum anderen, ohne allen im Blickwinkel auftauchenden Aspekten gleiche Aufmerksamkeit schenken zu können und zu wollen. Indem in den verschiedenen Bändchen dieser Reihe die Blickachse durch die Moderne variiert, soll sich ergänzen, was zusammengehört, aber nicht alles auf einmal erzählt werden kann.

Modernität ist ein Bewusstseinsmodus und eine Lebensform, derer wir uns immer wieder zu vergewissern haben. Die Bände sollen dazu anregen.

Rotterdam, im März 2022   J. G.

Anmerkungen

1   Martin Heidegger, »Über den ›Humanismus‹«, in: ders., *Platons Lehre von der Wahrheit*, Bern 1947, S. 95, 75.

2   Frantz Fanon, *Die Verdammten dieser Erde*, Frankfurt am Main 1966, S. 239.

3   Achille Mbembe, *Politik der Feindschaft*, Berlin 2017, S. 189 ff., 233.

4   Frantz Fanon, *Schwarze Haut, weiße Masken*, Wien, Berlin 2016, S. 188. Fanons Buch erschien unter dem Titel *Peau noire, masques blancs* zuerst 1952 in Paris.

5   Paul Gilroy, *Against Race. Imagining Political Culture beyond the Color Line*, Cambridge, Massachusetts 2000.

6   Martin Mulsow, *Überreichweiten. Perspektiven einer globalen Ideengeschichte*, Berlin 2022, S. 47.

7   Ebd., S. 45, 15

8   Thomas Leinkauf, *Grundriss Philosophie des Humanismus und der Renaissance (1350–1600)*, 2 Bände, Hamburg 2017.

9   Lotario de Segni (Papst Innozenz III.), *Vom Elend des menschlichen Daseins*, Hildesheim, Zürich, New York 1990, S. 42.

10 Ebd., S. 59.

11 Ebd., S. 60; Tippfehler im Zitat stillschweigend korrigiert.

12 Ebd., S. 107.

13 Thomas Mann, *Der Zauberberg*, in: *Gesammelte Werke in Einzelbänden. Frankfurter Ausgabe*, Frankfurt am Main 1980, S. 551.

14 Ebd., S. 41.

15 Jacob Burckhardt, *Die Cultur der Renaissance in Italien. Ein Versuch*, in: *Kritische Gesamtausgabe*, Bd. 4, München, Basel 2018, S. 242.

16 Giovanni Pico della Mirandola, *Über die Würde des Menschen*, Zürich 1988, S. 13.

17 Ebd., S. 10 f.

18 Georg Christoph Lichtenberg, *Sudelbücher* F 803, in: *Schriften und Briefe*, Bd. I, München 1968, S. 573.

19 Johann Gottfried Herder, *Ideen zur Philosophie der Geschichte der Menschheit*, in: *Werke in zehn Bänden*, Bd. 6, Frankfurt am Main 1989, S. 145 f.

20 Johann Gottfried Herder, *Abhandlung über den Ursprung der Sprache*, in: *Werke in zehn Bänden*, Bd. 1, Frankfurt am Main 1985, S. 717.

21 Ebd.

22 Ebd., S. 716.

23 Peter Strasser, *Die Sprengkraft des Humanismus. Ein Beitrag zur Politik der Seele*, Freiburg, München 2020, S. 10.

24 Hans Blumenberg, *Die Genesis der kopernikanischen Welt*, Frankfurt am Main 1975, S. 240.

25 Ebd., S. 211.

26 Ebd., S. 238.

27 Blaise Pascal, *Pensées. Über die Religion und über einige andere Gegenstände*, Heidelberg [8]1978, Nr. 346, S. 167.

28 Ulrich Beck, *Risikogesellschaft. Auf dem Weg in eine andere Moderne*, Frankfurt am Main 1986, besonders S. 205 ff.

29 Erasmus von Rotterdam, *Handbüchlein eines christlichen Streiters*, in: *Ausgewählte Schriften*, Bd. I, Darmstadt [2]1990, S. 371.

30 Erasmus von Rotterdam, *Vertraute Gespräche (Colloquia familiaria)*, Stuttgart 1985, S. 197–214 (»Das ehescheue Mädchen«, »Das reuige Mädchen«).

31 Erasmus von Rotterdam, *Über die Notwendigkeit einer frühzeitigen allgemeinen Charakter- und Geistesbildung der Kinder*, in: ders., *Ausgewählte pädagogische Schriften*, Paderborn 1963, S. 128.

32 Ich zitiere Montaignes *Essais* in Übersetzung im Folgenden nach der Edition: Michel de Montaigne, *Essais*, erste moderne Gesamtübersetzung von Hans Stilett, Frankfurt am Main 1998, korrigierte Auflage 1999 (zitiert als *Essais* mit römischer Nennung des Buches, arabischer Zählung der Essais und der Seitenangabe, r und l für rechte und linke Spalte), hier: I 37, S. 121 l.

33 Isaiah Berlin, *Freiheit. Vier Versuche*, Frankfurt am Main 1995, S. 208.

34 Lotario de Segni (Papst Innozenz III.), *Vom Elend des menschlichen Daseins*, S. 57.

35 Zu Augustins Auffassung von der Wirkung der Erbsünde auf den Menschen vgl. Kurt Flasch, *Augustin. Einführung in sein Denken*, Stuttgart

1980, S. 191; die Zitate: Augustinus, *De diversis quaestionibus* 68, 3, zitiert nach: Flasch, *Augustin*, S. 198.

[36] Albrecht Dürer, *Schriftlicher Nachlaß*, Bd. III, Berlin 1969, S. 272.

[37] Vgl. Anja Grebe, *Albrecht Dürer. Künstler, Werk und Zeit*, Darmstadt ²2013, S. 68. Grebe bezieht die Vorbilder auf Dürers Kupferstich *Adam und Eva*, sie haben aber offensichtlich auch für seine Gemäldetafeln zu gelten.

[38] Norbert Wolf, *Dürer*, München, Berlin, London, New York 2010, S. 259 f.

[39] Erwin Panofsky, *Das Leben und die Kunst Albrecht Dürers*, München 1977, S. 160.

[40] Christian Schoen, *Albrecht Dürer: Adam und Eva. Die Gemälde, ihre Geschichte und Rezeption bei Lucas Cranach d. Ä. und Hans Baldung Grien*, Berlin 2001, S. 213.

[41] Sabine Bark, *Auf der Suche nach dem verlorenen Paradies. Das Thema des Sündenfalls in der altdeutschen Kunst 1495–1545*, Frankfurt, Berlin 1994, S. 38.

[42] Panofsky, *Das Leben und die Kunst Albrecht Dürers*, S. 113.

[43] Stephen Greenblatt, *Die Geschichte von Adam und Eva. Der mächtigste Mythos der Menschheit*, München 2018, S. 180.

[44] Zum Topos des geometrisierenden Gottes vgl. Friedrich Ohly, »Deus Geometra. Skizzen zur Geschichte einer Vorstellung von Gott«, in: Norbert Kamp, Joachim Wollasch (Hg.), *Tradition als*

historische Kraft. Interdisziplinäre Forschungen zur Geschichte des früheren Mittelalters, Berlin, New York 1982, S. 1–42.

[45] Dürer, *Schriftlicher Nachlaß*, Bd. III, S. 295.

[46] Ebd., Nr. 51.

[47] Vgl. Greenblatt, *Die Geschichte von Adam und Eva*, S. 186.

[48] Zu diesem Aspekt besonders: Schoen, *Albrecht Dürer: Adam und Eva*, S. 102–106.

[49] Agrippa von Nettesheim, *Von dem Vorzug und der Fürtrefflichkeit des weiblichen Geschlechts vor dem männlichen*, zitiert nach Schoen, *Albrecht Dürer: Adam und Eva*, S. 104.

[50] *Schedelsche Weltchronik*, Dortmund ³1985, Erläuterung zu Blatt VI.

[51] Dürer, *Schriftlicher Nachlaß*, Bd. III, S. 272.

[52] Giannozzo Manetti, *Über die Würde und Erhabenheit des Menschen*, Hamburg 1990, S. 71 f.

[53] Ebd., S. 32.

[54] Francesco Petrarca, »An sich selbst«, in: ders., *Dichtung und Prosa*, Berlin 1968, S. 187–193.

[55] Georg Scheja, *Der Isenheimer Altar*, Köln 1969, S. 66.

[56] Zitiert nach: Adalbert Mischlewski, *Grundzüge der Geschichte des Antoniterordnes bis zum Ausgang des 15. Jahrhunderts*, Köln, Wien 1976, S. 22.

[57] Vgl. Blumenberg, *Die Genesis der kopernikanischen Welt*, S. 303 ff.

[58] Lichtenberg, *Sudelbücher*, J 659, in: *Schriften und Briefe*, Bd. I, S. 749.

59 Ebd., F 762, S. 567.

60 Montaigne, *Essais* I 14, S. 32 r.

61 Zur neueren Medizingeschichte: Ronald D. Gerste, *Die Heilung der Welt. Das Goldene Zeitalter der Medizin 1840–1914*, Stuttgart 2021.

62 Vgl. Wolfgang U. Eckhart: *Medizin und Kolonialimperialismus. Deutschland 1884–1945*, Paderborn, München u. a. 1997.

63 Johann Wolfgang Goethe, *Zur Farbenlehre: Materialien zur Geschichte der Farbenlehre*, in: *Sämtliche Werke nach Epochen seines Schaffens*, Bd. 10, München, Wien 1989, S. 614.

64 Einhard, *Vita Karoli Magni/Das Leben Karls des Großen*, Stuttgart 1996, S. 53/55.

65 Jacques LeGoff, *Die Geburt Europas im Mittelalter*, München 2012, S. 48.

66 Ebd., S. 57.

67 Einhard, *Vita Karoli Magni/Das Leben Karls des Großen*, S. 53.

68 Diese Einschätzung entnehme ich: Kurt Flasch, *Einführung in die Philosophie des Mittelalters*, Darmstadt ²1989, S. 1.

69 Nach: Johannes Fried, *Karl der Große. Gewalt und Glaube. Eine Biographie*, München 2013, S. 47.

70 Flasch, *Einführung in die Philosophie des Mittelalters*, S. 2.

71 Ebd.

72 Nach: Fried, *Karl der Große*, S. 291.

73 Einhard, *Vita Karoli Magni/Das Leben Karls des Großen*, S. 51.

74 Hieronymus, Brief an Eustochium, zitiert nach: Stephen Greenblatt, *Die Wende. Wie die Renaissance begann*, München 2012, S. 106.

75 Erasmus von Rotterdam, *Antibarbari*, zitiert nach: Wilhelm Ribhegge, *Erasmus von Rotterdam*, Darmstadt 2010, S. 23.

76 Erasmus von Rotterdam, *Anleitung zum Briefschreiben*, in: *Ausgewählte Werke*, Bd. VIII, Darmstadt 1980, S. 7.

77 Erasmus von Rotterdam, Brief an Anton von Bergen vom 14. März 1514, in: *Opus Epistolarum Des. Erasmi Roterdami*, Bd. I, S. 553, Zeile 66 f.: »Quanto sanguine paratum est Rhomanum imperium, et quam mox coepit concidere!«

78 Angaben nach: Bernd Roeck, Andreas Tönnesmann, *Die Nase Italiens. Federico da Montefeltro, Herzog von Urbino*, Berlin 2005, S. 152.

79 Die nicht mehr erhaltene Bibliotheksinschrift findet sich wiedergegeben in: Jan Lauts, Irmlind Luise Herzner, *Federico da Montefeltro. Herzog von Urbino. Kriegsherr, Friedensfürst und Förderer der Künste*, München, Berlin 2001, S. 304.

80 Stephen Greenblatt, *Die Wende. Wie die Renaissance begann*, München 2012.

81 Erasmus von Rotterdam, Brief an Anton von Bergen vom 16. März (?) 1501, in: ders., *Briefe*, Darmstadt ⁴1995, S. 72 f.

82 *Novum Instrumentum*, Basel 1516, S. 231 (zweite Pagnierung), zitiert nach: Sandra Langereis, *Erasmus. Biografie eines Freigeists*, Berlin 2023, S. 647 f.

83 Ribhegge, *Erasmus von Rotterdam*, S. 42.

84 Erasmus von Rotterdam, *Adagiorum Chiliades*, in: *Ausgewählte Schriften*, Bd. 7, Darmstadt 1972, S. 357 ff.

85 Stefan Zweig, *Triumph und Tragik des Erasmus von Rotterdam*, Wien 1935, S. 113 f.

86 Erasmus von Rotterdam, *Vorreden zum Neuen Testament: Aufruf (Paraclesis)*, in: *Ausgewählte Werke*, Bd. III, Darmstadt ²1990, S. 15.

87 Erasmus von Rotterdam, Brief an William Blount vom Juni 1500, in: *Opus Epistolarum Des. Erasmi Roterdami*, Bd. I, Oxford 1906, S. 296, Zeile 248: »… scripsimus vulgo …«.

88 Erasmus von Rotterdam, *Über die Umgangserziehung der Kinder*, in: ders., *Ausgewählte pädagogische Schriften*, S. 106.

89 Langereis, *Erasmus*, S. 200. Zum Makel der illegitimen Geburt und zum Dispens durch Papst Leo X. vgl. ebd., S. 62 ff., 185 ff.

90 Erasmus von Rotterdam, *De pueris instituendis*, zitiert nach: Ribhegge, *Erasmus von Rotterdam*, S. 176: »Homines non nascantur, sed finguntur.«

91 Erasmus von Rotterdam, *Anleitung zum Briefschreiben*, in: *Ausgewählte Werke*, Bd. VIII, S. 95.

92 Erasmus von Rotterdam, *Über die Notwendigkeit einer frühzeitigen allgemeinen Charakter- und Geistesbildung der Kinder*, in: ders., *Ausgewählte pädagogische Schriften*, S. 108.

93 Erasmus von Rotterdam, *Spongia adversus aspergines Hutteni*, zitiert nach: Ribhegge, *Erasmus von Rotterdam*, S. 8.

94 Erasmus von Rotterdam, Brief an Papst Leo X. vom 13. September 1520, in: ders., *Briefe*, S. 277.

95 Ralf Dahrendorf, *Versuchungen der Unfreiheit. Die Intellektuellen in Zeiten der Prüfung*, München 2008, S. 79.

96 Erasmus von Rotterdam, Brief an Ulrich Zwingli von Anfang September 1522, in: ders., *Briefe*, S. 310.

97 Zweig, *Triumph und Tragik des Erasmus von Rotterdam*, S. 96.

98 Ebd., S. 112.

99 Ebd., S. 117, 112.

100 Aladin El-Mafaalani, *Mythos Bildung. Die ungerechte Gesellschaft, ihr Bildungssystem und seine Zukunft*, Köln ²2021, S. 34 f.

101 Georg Picht, *Die deutsche Bildungskatastrophe*, Olten, Freiburg im Breisgau 1964, S. 17.

102 Zur Zitation von Montaignes *Essais* siehe Endnote 32; hier: I 26, S. 82 l. Originalsprachliche Zitate im Folgenden nach: Michel de Montaigne, *Essais*, in: *Œuvres complètes*, Paris 1995, S. 1–1097. Die folgenden Ausführungen bieten eine stark überarbeitete Fassung des Aufsatzes: Jürgen Goldstein, »Unverschämtheit. Menschenfreundschaft bei Michel de Montaigne«, in: Rudolf Lüthe (Hg.), *Eine sanfte Form von Liebe? Texte zum Begriff der Freundschaft*, Berlin 2015, S. 105–119.

103 *Essais* I 26, S. 81 l.

104 *Essais* III 2, S. 398 r.

105 *Essais*, An den Leser, S. 5.

106 *Essais* III 9, S. 475 r.

107 *Essais*, An den Leser, S. 5.

108 *Essais* I 26, S. 82 l.

109 Angabe zu den Ergänzungen nach: Volker Reinhardt, *Montaigne. Philosophie in Zeiten des Krieges. Eine Biographie*, München 2023, S. 254.

110 *Essais* III 9, S. 484 l.

111 *Essais* III 2, S. 398 r.

112 Auf den Bewusstseinsstromes als literarisches Merkmal der *Essais* weist Sarah Bakewell hin: *Das Leben Montaignes in einer Frage und zwanzig Antworten*, München 2012, S. 42 ff.

113 *Essais* III 9, S. 494 l.

114 *Essais* II 17, S. 324 l.

115 *Essais* II 17, S. 324 r.

116 *Essais* I 39, S. 128 r.

117 *Essais* II 1, S. 167 l.

118 *Essais* II 17, S. 319 r.

119 *Essais* II 17, S. 316 l.

120 *Essais* II 1, S. 167 r.

121 *Essais* II 1, S. 168 l.

122 *Essais* III 1, S. 391 r.

123 *Essais* II 17, S. 318 l.

124 *Essais* II 17, S. 319 l.

125 Ebd.

126 *Essais* II 17, S. 319 r.

127 *Essais* III 2, S. 399 l.

128 *Essais*, An den Leser, S. 5. Zum Motiv der Schamlosigkeit vgl. Jean Starobinski, *Montaigne. Denken und Existenz*, Frankfurt am Main ⁴2002, S. 213 ff.

129 *Essais* I 39, S. 125 r.; *Œuvres complètes*, S. 235.

130 Dieses außerordentlich bedeutsame Motiv legt Montaigne erst in der Auflage der *Essais* von 1588 offen. La Boétie allein habe sich seines wahren Bildes erfreut und es mit sich fort genommen, eben deshalb entschlüssele er sich so sorgsam: »... luy seul jouyssait de ma vraye image et l'emporte. C'est pourquoy je me deschiffre moymesme si curieusement ...«; *Essais* III 9, *Œuvres complètes*, S. 961.

131 *Essais* III 13, S. 548 l.

132 *Essais* III 13, S. 559 l.

133 *Essais* II 17, S. 322 l.

134 *Essais* III 2, *Œuvre complètes*, S. 782.

135 Hans Stilett, *Von der Lust, auf dieser Erde zu leben. Wanderungen durch Montaignes Welten*, Frankfurt am Main 2008, S. 34–37.

136 *Essais* III 2, S. 399 l.

137 *Essais* III 10, S. 506 l.

138 Friedrich Nietzsche, *Die fröhliche Wissenschaft*, in: *Kritische Studienausgabe*, Bd. 3, München, Berlin, New York 1988, S. 570.

139 *Essais* III 2, S. 404 r.

140 *Essais* III 13, S 542 l.

141 *Essais* I 26, S. 82 r.

142 *Essais* III 13, S. 560 l.

143 *Essais* I 26, S. 86 r.

144 *Essais* I 26, S. 87 l.

145 *Essais* II 12, S. 289 l.; eine ausführliche Interpretation des in den *Essais* eine Schüsselstellung einnehmenden Kapitels »Apologie des Raymond Sebond« bietet Martin Gessmann, *Montaigne und*

die Moderne. Zu den philosophischen Grundlagen einer Epochenwende, Hamburg 1997.

146 Essais II 37, S. 390; Œuvre complètes, S. 766. Auf dieses Detail hat Sarah Bakewell hingewiesen: Wie man Mensch wird. Auf den Spuren der Humanisten. Freies Denken, Neugierde und Glück von der Renaissance bis heute, München 2023, S. 182.

147 Claude Lévi-Strauss, Die Luchsgeschichte. Indianische Mythologie in der Neuen Welt, München 1996, S. 238.

148 Ebd.

149 Ebd., S. 236.

150 Leonard Woolf, The Journey Not The Arrival Matters. An Autobiography of the Years 1939 to 1969, London 1969, S. 18 f.: »Montaigne was the first completely modern man in his intense awareness of and passionate interest in the individuality of himself and of all other human beings.«

151 Eli Zaretsky, Freuds Jahrhundert. Die Geschichte der Psychoanalyse, Wien 2006, S. 16, 15.

152 Walt Whitman, »Song Of Myself«, in: Complete Poetry and Collected Prose, New York 1982, S. 246.

153 Essais III 13, S. 537 r.

154 Essais III 13, S. 538 r.

155 Essais II 12, S. 263 r; Œuvres complètes, S. 508.

156 Stilett, Von der Lust, auf dieser Erde zu leben, S. 51–67.

157 Essais III 1, S. 392 r.

158 Essais II 11, S. 216 r.; Œuvres complètes, S. 414.

159 Johann Wolfgang Goethe, Aus meinem Leben. Dichtung und Wahrheit, in: Sämtliche Werke nach

Epochen seines Schaffens, Bd. 16, München, Wien 1985, S. 11.

160 Immanuel Kant, *Grundlegung zur Metaphysik der Sitten*, in: *Werkausgabe*, Bd. VII, Frankfurt am Main ⁶1982, S. 59, Hervorhebungen im Text nicht übernommen.

161 Johann Joachim Spalding, *Die Bestimmung des Menschen*, Kritische Ausgabe, Erste Abteilung, Bd. 1, Tübingen 2006, S. 123, 125.

162 Immanuel Kant, *Die Religion innerhalb der Grenzen der bloßen Vernunft*, in: *Werkausgabe*, Bd. VIII, Frankfurt am Main 1977, S. 694.

163 Volker Gerhardt, *Selbstbestimmung. Das Prinzip der Individualität*, Stuttgart 1999, S. 323 ff.

164 Johann Gottfried Herder, *Briefe zur Beförderung der Humanität*, in: *Werke in zehn Bänden*, Bd. 7, Frankfurt am Main 1991, S. 153.

165 Georg Wilhelm Friedrich Hegel, *Vorlesungen über die Philosophie der Geschichte*, in: *Werke*, Bd. 12, Frankfurt am Main 1986, S. 74.

166 Kant, *Grundlegung zur Metaphysik der Sitten*, S. 61.

167 Immanuel Kant, *Metaphysik der Sitten*, in: *Werkausgabe*, Bd. VIII, Frankfurt am Main 1977, S. 587.

168 Volker Gerhardt, *Humanität. Über den Geist der Menschheit*, München 2019, S. 31 ff.

169 Markus Gabriel, *Der Mensch als Tier. Warum wir trotzdem nicht in die Natur passen*, Berlin 2022, S. 45, 44.

170 Charles Taylor, *Quellen des Selbst. Die Entstehung der neuzeitlichen Identität*, Frankfurt am Main 1996, S. 880.

171 Axel Honneth, *Das Recht der Freiheit. Grundriß einer demokratischen Sittlichkeit*, Berlin 2011, S. 40.

172 Herfried Münkler, *Der Dreißigjährige Krieg. Europäische Katastrophe, deutsches Trauma 1618–1648*, Berlin 2017, S. 637.

173 Christoph Kolumbus, *Bordtagebuch*, Frankfurt am Main 1981, S. 53.

174 Immanuel Kant, »Idee zu einer allgemeinen Geschichte in weltbürgerlicher Absicht«, in: *Werkausgabe*, Bd. XI, Frankfurt am Main 1977, S. 37.

175 Hegel, *Vorlesungen über die Philosophie der Geschichte*, in: *Werke*, Bd. 12, S. 49.

176 Ebd., S. 33.

177 Ebd., S. 49.

178 Ebd., S. 20.

179 Max Horkheimer, Theodor W. Adorno, *Dialektik der Aufklärung. Philosophische Fragmente*, in: Theodor W. Adorno, *Gesammelte Schriften*, Bd. 3, Frankfurt am Main 1981, S. 253, 255.

180 Cicero, *De officiis* I 26.

181 Francis Fukuyama, *Das Ende der Geschichte. Wo stehen wir?*, München 1992, S. 13.

182 John Gray, *Raubtier Mensch. Die Illusion des Fortschritts*, Stuttgart 2015, S. 72–82.

183 Vgl. Berlin, *Freiheit. Vier Versuche*, S. 197–256.

184 Honneth, *Das Recht der Freiheit*, S. 81.

185 Johann Wolfgang Goethe, zu Friedrich von Müller am 20. Juni 1827, in: *Goethes Gespräche. Biedermannsche Ausgabe*, Bd. III, Zweiter Teil, München 1998, S. 144.

186 Peter Bieri, *Das Handwerk der Freiheit. Über die Entdeckung des eigenen Willens*, München, Wien 2001, S. 397.

187 Johann Bernhard Basedow, *Vorstellung an Menschenfreunde und vermögende Männer über Schulen, Studien und ihren Einfluß auf öffentliche Wohlfahrt*, in: *Ausgewählte pädagogische Schriften*, Paderborn 1965, S. 25 f.

188 Immanuel Kant, »Vorlesung über Anthropologie (nach Friedländer)«, in: *Kant's gesammelte Schriften*, Bd. 25, Göttingen 1997, S. 722 f.

189 John Dewey, *Demokratie und Erziehung. Eine Einleitung in die philosophische Pädagogik*, Weinheim, Basel [5]2011, S. 121, 136.

190 Belege bietet: Bakewell, *Wie man Mensch wird*, S. 193, 452 (Anmerkung 15). Bakewell weist darauf hin, der Begriff Meliorismus tauche schon 1858 bei John Brown – allerdings mit Vorbehalten – auf. Eine prominente Verwendung findet sich im amerikanischen Pragmatismus.

191 Wilhelm von Humboldt, »Ideen zu einem Versuch, die Gränzen der Wirksamkeit des Staats zu bestimmen«, in: *Werke in fünf Bänden*, Bd. I, Darmstadt [2]1960, S. 64.

192 Zitiert nach: Albert Soboul, *Die Große Französische Revolution. Ein Abriß ihrer Geschichte (1789–1799)*, Frankfurt am Main [5]1988, S. 149. Die folgenden Darstellungen greifen auf meinen Handbuchartikel zurück: Jürgen Goldstein, »Politische Freiheit«, in: Annika Hand, Christian Bermes, Ulrich Dierse (Hg.), *Schlüsselbegriffe der*

Philosophie des 19. Jahrhunderts, Hamburg 2015, S. 339–356.

193 Artikel »Égalité naturelle« (Jaucourt), in: *Encyclopédie ou dictionnaire raisonné des sciences, des arts et des métiers. Textes choisis et présentés par Alain Pons*, Bd. II, Paris 1986, S. 29: »Cette égalité est le principe et le fondement de la liberté.«

194 Gottfried Achenwall, Johann Stephan Pütter, *Anfangsgründe des Naturrechts* (*Elementa iuris naturae*), Frankfurt am Main, Leipzig 1995, S. 84 f.

195 Johann August Eberhard, »Ueber die Freyheit des Bürgers und die Principien der Regierungsformen«, in: *Vermischte Schriften*, Teil I, Halle 1784, S. 8.

196 Georg Wedekind, »Über die Regierungsverfassungen. Eine Volksrede in der Gesellschaft der Freunde der Freiheit und der Gleichheit, gehalten zu Mainz am 5. November im ersten Jahre der Republik«, in: Claus Träger (Hg.): *Mainz zwischen Rot und Schwarz. Die Mainzer Revolution 1792–1793 in Schriften, Reden und Briefen*, Berlin 1963, S. 190–204, hier: S. 194.

197 Heinrich Gottfried Scheidemantel, *Das Staatsrecht nach der Vernunft und den Sitten der vornehmsten Völker betrachtet*, Dritter Teil, Jena 1773, S. 203.

198 Gottfried Achenwall, *Statsverfassung der heutigen vornehmsten Europäischen Reiche und Völker im Grundrisse*, Erster Teil, sechste vermehrte Ausgabe, Göttingen 1781, Vorbemerkung.

199 Ebd.

200 Georg Forster, *Tagebücher. Rundreise von Mainz aus 1790*, in: *Werke. Sämtliche Schriften, Tagebücher, Briefe*, Bd. XII, Berlin 1993, S. 293.

201 Georg Forster, »Nachricht [16. März 1793]«, in: *Werke*, Bd. X/1, Berlin 1990, S. 166.

202 Achenwall, *Statsverfassung der heutigen vornehmsten Europäischen Reiche und Völker im Grundrisse*, S. 16.

203 Eberhard, »Ueber die Freyheit des Bürgers und die Principien der Regierungsformen«, in: *Vermischte Schriften*, Teil I, S. 9.

204 August Ludwig Schlözer, *Allgemeines StatsRecht und Statsverfassungslere*, Göttingen 1793, S. 37.

205 John Locke, *Two Treatises of Civil Government* [1690] London, New York 1955, S. 143: »So that however it may be mistaken, the end of law is not to abolish or restrain, but to preserve and enlarge freedom. For in all the states of created beings, capable of laws, where there is no law there is no freedom.«

206 Ernst Ferdinand Klein, *Grundsätze der natürlichen Rechtswissenschaft nebst einer Geschichte derselben*, Halle 1797, Reprint: Meisenheim, Glan 1979, S. 277.

207 Johann Gottlieb Fichte, *Die Grundzüge des gegenwärtigen Zeitalters* [1806], in: *Gesamtausgabe der Bayerischen Akademie der Wissenschaften*, Bd. I, 8, Stuttgart-Bad Cannstatt 1991, S. 315.

208 Charles de Montesquieu, *De l'esprit des lois* [1784], in: *Œuvres complètes* II, Paris 1951, S. 395: »La liberté politique ne se trouve que dans les gouvernements modérés …«

209 Carl Theodor Welcker, *Die letzten Gründe von Recht, Staat und Strafe philosophisch und nach den Gesetzen der merkwürdigsten Völker rechtshistorisch entwickelt*, Gießen 1813, S. 95 f.

210 Kant, »Idee zu einer allgemeinen Geschichte in weltbürgerlicher Absicht«, in: *Werkausgabe*, Bd. XI, S. 45.

211 Immanuel Kant, *Zum ewigen Frieden*, in: *Werkausgabe*, Bd. XI, Frankfurt am Main 1977, S. 204.

212 Jürgen Habermas, »Zum Begriff der politischen Beteiligung«, in: ders., *Kultur und Kritik. Verstreute Aufsätze*, Frankfurt am Main 1973, S. 11.

213 Ebd., S. 12.

214 Paul de Lagarde, *Programm für die konservative Partei Preußens*, Berlin 1926, S. 92.

215 Houston Stewart Chamberlain, *Die Grundlagen des neunzehnten Jahrhunderts*, Bd. I, München 1899, S. 324.

216 Adolf Hitler, *Mein Kampf. Eine kritische Edition*, im Auftrag des Instituts für Zeitgeschichte, 2 Bde., München, Berlin 2016, hier: Bd. I, S. 44.

217 Adolf Hitler, *Mein Kampf. Eine Abrechnung*, 2 Bde., München ²1926 und 1927, hier: Bd. I, S. 293; sämtliche Zitate im Folgenden nach dieser Ausgabe.

218 Ebd., S. 123.

219 Alle Beispiele den Hinweisen der Editoren entnommen: Hitler, *Mein Kampf. Eine kritische Edition*, Bd. I, S. 22 f.

220 Hitler, *Mein Kampf*, Bd. I, S. 53.

221 Ebd., S. 56.

222 Chamberlain, *Die Grundlagen des neunzehnten Jahrhunderts*, Bd. I, S. 324.

223 Hitler, *Mein Kampf*, Bd. I, S. 334.

224 Adolf Hitler, Rede auf einer NSDAP-Versammlung vom 13. August 1920 in München: »Warum sind wir Antisemiten?«, in: Eberhard Jäckel, Axel Kuhn (Hg.), *Hitler. Sämtliche Aufzeichnungen 1905–1924*, Stuttgart 1980, S. 192.

225 Hitler, *Mein Kampf*, Bd. I, S. 65.

226 Ebd.

227 Adolf Hitler, Brief an Adolf Gemlich vom 16. September 1919, in: Jäckel, Kuhn (Hg.), *Hitler. Sämtliche Aufzeichnungen 1905–1924*, S. 89 f.

228 Hitler, *Mein Kampf*, Bd. I, S. 306.

229 Ebd., S. 66.

230 Ebd.

231 Siegfried Kracauer, *Totalitäre Propaganda*, Berlin 2013, S. 60.

232 Zitiert nach: Joachim Fest, *Das Gesicht des Dritten Reiches. Profile einer totalitären Herrschaft*, München 1963, S. 162.

233 Hannah Arendt, *Über das Böse. Eine Vorlesung zu Fragen der Ethik*, München, Zürich ³2009, S. 14.

234 Hannah Arendt, *Eichmann in Jerusalem. Ein Bericht von der Banalität des Bösen*, München, Zürich ⁴2009, S. 402.

235 So hat sich Hitler in einer Rede vom 20. April 1923 geäußert, zitiert nach: Hitler, *Mein Kampf. Eine kritische Edition*, S. 721.

236 Albrecht Koschorke, *Adolf Hitlers »Mein Kampf«.*

Zur Poetik des Nationalsozialismus, Berlin 2016, S. 68 f.

[237] Sebastian Haffner, *Von Bismarck zu Hitler. Ein Rückblick*, München 1987, S. 301.

[238] Nicolaus von Below, *Als Hitlers Adjutant 1937–45*, Mainz 1980, S. 398.

[239] Joachim C. Fest, *Hitler*, Berlin, Frankfurt am Main 1995, S. 1042.

[240] Hannah Arendt, *Elemente und Ursprünge totaler Herrschaft. Antisemitismus, Imperialismus, totale Herrschaft*, München [13]2009, S. 810.

[241] Wolfgang Sofsky, *Die Ordnung des Terrors: Das Konzentrationslager*, Frankfurt am Main 1993, S. 27–40, Zitat: S. 35.

[242] Sigmund Freud, Lou Andreas-Salomé, *Briefwechsel*, Frankfurt am Main 1966, S. 22 f.

[243] Wolfgang Sofsky, *Traktat über die Gewalt*, Frankfurt am Main 1996, S. 226, 224.

[244] Hitler, *Mein Kampf. Eine kritische Edition*, Bd. II, S. 987 [15].

[245] Thomas Mann, »Achtung, Europa!«, in: *Gesammelte Werke in Einzelbänden. Frankfurter Ausgabe: An die gesittete Welt. Politische Schriften und Reden im Exil*, Frankfurt am Main 1986, S. 139.

[246] Thomas Mann, »Der Humanismus und Europa«, in: ebd., S. 153.

[247] Friedrich Nietzsche, *Also sprach Zarathustra*, in: *Kritische Studienausgabe*, Bd. 4, München, Berlin, New York 1988, S. 14.

[248] Ray Kurzweil, *Menschheit 2.0. Die Singularität naht*, Berlin 2013.

249 »Transhumanist Declaration«, in: Max More, Na-
tasha Vita-More (Hg.), *The Transhumanist Reader.
Classical and Contemporary Essays on the Science,
Technology, and Philosophy of the Human Future*,
Wiley-Blackwell 2013, S. 54 f.

250 Kurzweil, *Menschheit 2.0.*, S. 202, 330.

251 Ray Kurzweil, *Homo s@piens. Leben im 21. Jahrhundert. Was bleibt vom Menschen?*, München
³2001, S. 452.

252 Matthias Jung, *Leben und Bedeutung. Die verkörperte Praxis des Geistes*, Berlin 2023.

253 Thomas Fuchs, *Verteidigung des Menschen. Grund-
fragen einer verkörperten Anthropologie*, Berlin
2020, S. 111.

254 Rosi Braidotti, *Posthumanismus. Leben jenseits
des Menschen*, Frankfurt a. M., New York 2014,
S. 197.

255 Ebd., S. 31.

256 Ebd., S. 163.

257 Ebd., S. 66.

258 Karen Barad, *Agentieller Realismus. Über die Bedeutung materiell-diskursiver Praktiken*, Berlin
2012, S. 22.

259 Donna Haraway, »Ein Manifest für Cyborgs. Feminismus im Streit mit den Technowissenschaf-
ten«, in: dies., *Die Neuerfindung der Natur. Pri-
maten, Cyborgs und Frauen*, Frankfurt am Main,
New York 1995, S. 67.

260 Bruno Latour, *Wir sind nie modern gewesen. Versuch einer symmetrischen Anthropologie*, Berlin
1995, S. 184.

261 Immanuel Kant, »Bestimmung des Begriffs einer Menschenrace«, in: *Kant's gesammelte Schriften*, Bd. VIII, Berlin, Leipzig 1923, S. 103.

262 Immanuel Kant, »Von den verschiedenen Racen der Menschen«, in: *Kant's gesammelte Schriften*, Bd. II, Berlin 1905, S. 438.

263 Ebd., S. 440 f.

264 Gabriel, *Der Mensch als Tier*, S. 113.

265 Hannah Arendt, »The Crisis in Culture«, in: dies., *Between Past and Future. Eight Exercises in Political Thought*, New York 1968, S. 224 f.; zitiert nach: Elisabeth Young-Bruehl, *Hannah Arendt. Leben, Werk und Zeit*, Frankfurt am Main 2004, S. 484.

266 James Baldwin, »Fifth Avenue, Uptown: A Letter from Harlem«, in: *Collected Essays*, New York 1998, S. 179: »It is a terrible, an inexorable, law that one cannot deny the humanity of another without diminishing one's own …«

267 Charles Taylor, »Humanismus und moderne Identität«, in: ders., *Wieviel Gemeinschaft braucht die Demokratie? Aufsätze zur politischen Philosophie*, Frankfurt am Main 2001, S. 267 f.

268 James Lovelock, *Gaia. Die Erde ist ein Lebewesen. Was wir heute über Anatomie und Physiologie des Organismus Erde wissen und wie wir ihn vor der Gefährdung durch den Menschen bewahren können*, Bern, München, Wien ²1992, S. 153.

269 Gerhardt, *Humanität*, S. 289.

270 Bakewell, *Wie man Mensch wird*, S. 227.

271 Julian Nida-Rümelin, *Philosophie einer humanen Bildung*, Hamburg 2013, S. 56.

272 Jürgen Habermas, »Die Einheit der Vernunft in der Vielfalt ihrer Stimmen«, in: ders., *Nachmetaphysisches Denken. Philosophische Aufsätze*, Frankfurt am Main ⁷2020, S. 186.

273 Die Erklärung findet sich in deutscher Übersetzung: {https://hpd.de/artikel/neue-erklaerung-des-modernen-humanismus-verabschiedet-20439}.

274 Cicero, *Vom Wesen der Götter*, Zürich, Düsseldorf 1996, S. 113.

275 Michael Tomasello, *Eine Naturgeschichte der menschlichen Moral*, Berlin 2016, S. 247.

276 Lucy Delap, *So sieht Feminismus aus. Die Geschichte einer globalen Bewegung*, München 2022 S. 96–99, Zitat: S. 99.

277 Ebd., S. 269 f., 338.

278 John Rawls, *Das Recht der Völker*, Berlin, New York 2002, S. 163.

279 Erasmus von Rotterdam, *Die Klage des Friedens*, in: *Ausgewählte Schriften*, Bd. V, Darmstadt 1968, S. 367.

280 Erasmus von Rotterdam, Brief an Anton von Bergen vom 14. März 1514, in: *Opus Epistolarum Des. Erasmi Roterdami*, Bd. 1, S. 552, Zeile 47: »Haec pestis morum …«

281 Erasmus von Rotterdam, *Die Klage des Friedens*, in: *Ausgewählte Schriften*, Bd. V, S. 371.

Erste Auflage Berlin 2025
Copyright © 2025
MSB Matthes & Seitz Berlin
Verlagsgesellschaft mbH
Großbeerenstraße 57 A | 10965 Berlin, Deutschland
info@matthes-seitz-berlin.de

Alle Rechte vorbehalten,
insbesondere die Nutzung des Werks für
Text und Data Mining im Sinne von
§ 44b UrhG.

Satz: Monika Grucza-Nápoles, Cartagena
Druck und Bindung: Art-Druk, Szczecin, Polen
Umschlaggestaltung nach einer Idee von
Pierre Faucheux
Printed in Poland
ISBN 978-3-7518-0571-1
www.matthes-seitz-berlin.de

Jürgen Goldstein
Vernünftiger Pluralismus
Die Zukunft unserer politischen Vergangenheit
Perspektiven der Moderne II
206 Seiten, Klappenbroschur

Ein Mediengewitter an Informationen, Fake News
und »alternativen Fakten«, erodierende Weltbildhin-
tergründe und Leitkulturfantasien, identitäre Selbst-
behauptungen und populistische Vereinfachungen –
all das sind Indikatoren für die Zumutungen eines
Pluralismus, denen liberale und pluralistisch verfasste Gesellschaften ausgesetzt sind. Jürgen Goldstein
verteidigt den modernen Pluralismus und zeigt auf,
warum er kein epochales Verhängnis darstellt, sondern vielmehr als Folge der modernen Freiheit verstanden werden kann – einer Freiheit, auf die auch
die Gegner des Pluralen nicht verzichten wollen. In
der auseinanderstrebenden Vielfalt macht er die Möglichkeit eines »vernünftigen Pluralismus« aus. Einheit und Vielfalt, Identität und Differenz, Individualismus und Gemeinschaftlichkeit: konkurrierende
Ziele, die aber doch nicht unvereinbar sind, wie ein
Blick in die politische Denkgeschichte zeigt, deren
Ressourcen Goldstein freilegt.

Jürgen Goldstein
Naturerscheinungen
Die Sprachlandschaften des Nature Writing
326 Seiten, gebunden mit Schutzumschlag

Je mehr uns die Natur abhandenzukommen scheint, umso emphatischer wird sie beschworen. Seit gut zweihundert Jahren hat sich in England und Nordamerika ein literarisches Genre ausgebildet, das uns die Natur nahezubringen versucht. Was aber ist Nature Writing? Jürgen Goldstein geht dieser Frage nach, indem er die Sprachlandschaften von Henry David Thoreau und John Muir, Edward Abbey und Robert Macfarlane, Annie Dillard und Nan Shepherd erkundet, aber auch Texte von Alexander von Humboldt, Werner Herzog und Marion Poschmann in den Blick nimmt. Ihr Plädoyer für eine subtilere Erfahrung der Natur beinhaltet stets auch die Frage nach unserem eigenen Selbstverständnis. Nature Writing ist kein Trostpflaster für sinnentleerte Großstädter, die in einer idealisierten Natur jene Ursprünglichkeit und Wildheit wiederzufinden suchen, die ihrem Leben abhandengekommen sind. Nature Writing ist vielmehr ein notwendiges Korrektiv zur technischen Epoche des Anthropozän.

Jürgen Goldstein
Georg Forster
Zwischen Freiheit und Naturgewalt
301 Seiten, gebunden mit Schutzumschlag

Georg Forster (1754–1794) war eine der faszinierendsten Gestalten seiner Zeit: glänzender Schriftsteller, Naturforscher, Entdecker, Zeichner, Übersetzer und entschiedener Revolutionär. Auf seiner Weltumsegelung mit James Cook berührte er Eisberge mit den eigenen Händen, lief den Strand von Tahiti entlang, besuchte fremde Völker, lebte unter »Menschenfressern« und überquerte Ozeane und den Äquator. Und er stand im Zentrum des politischen Geschehens, als er – inspiriert von der Französischen Revolution – 1793 die »Mainzer Republik« ausrief, die erste Republik auf deutschem Boden. Anschaulich und fesselnd portraitiert Jürgen Goldstein dieses Ausnahmeleben, in dem sich »Freiheit« und »Naturgewalt« berührten. Niemand ist auf vergleichbare Weise das erfahrungsgetriebene Experiment eingegangen, die Natur mit dem Politischen kurzzuschließen.

Jürgen Goldstein
Hans Blumenberg
Ein philosophisches Portrait
624 Seiten, gebunden mit Schutzumschlag

Das Werk Hans Blumenbergs steht wie ein Monolith in der philosophischen Landschaft. Während er immer mehr als einer der wichtigsten deutschsprachigen Philosophen des 20. Jahrhunderts entdeckt wird, erscheinen seine Bücher als ungemein faszinierend und schwer zu lesen, äußerst anregend und zumeist umständlich sowie überaus stilbewusst und oftmals sehr umfangreich. Jürgen Goldstein, der selbst bei Blumenberg studierte, zeichnet ein Portrait dieses Autors, indem er dessen geistige Physiognomie hervortreten lässt: Meisterhaft und anschaulich folgt er den Gedankenlinien des reichhaltigen Werkes, von den frühesten akademischen Schriften über die klassischen Bücher bis zu den essayistischen Miniaturen der späten Jahre und den bereits aus dem Nachlass gehobenen Schriften. Seine Denkbiografie eröffnet nicht nur Eingeweihten neue Perspektiven, sondern dient auch als Handreichung für jene, die das Original zu lesen vorhaben.

Jürgen Goldstein
Blau
Eine Wunderkammer seiner Bedeutungen
233 Seiten, mit flexiblem Leinenband

Die Welt, in der wir leben, ist an vielen Stellen in sattes Blau getaucht: Unsere Heimat ist der blaue Planet mit seinem azurfarbenen Himmel. Wir verlieren uns in Yves Kleins monochromen Blau-Gemälden, hören beschwingt Gershwins Rhapsody in Blue, geben uns mit Novalis dem romantischen Sehnen nach der blauen Blume hin und genießen die blaue Stunde. Selten und wertvoll ist die blaue Mauritius, alltäglich die Blue Jeans. Die Tiefe und Kraft jener Farbe entspringt den Bedeutungen, die wir ihr zuschreiben: wild, sinnlich und faszinierend; wie in einer Wunderkammer, jenem untergegangenen Museum, das die unterschiedlichsten Fundstücke nebeneinander versammelte, um das Staunen zu lehren, versammelt der meisterhafte Erzähler Jürgen Goldstein verschiedene Facetten vom Reichtum des Blaus, er knüpft Bedeutungsketten, elaboriert und assoziativ, wohl abgewogen und zugleich sprunghaft – Genregrenzen, Chronologien und wissenschaftliche Etikette gelten hier nicht.